人文艺术文献译丛 （第一辑）

主编 王秋菊 张燕楠

MEI DE PIPAN

美的批判

[日]植田寿藏 著

马小力 郭晓颖 译

东北大学出版社

·沈 阳·

ⓒ 植田寿藏 2023

图书在版编目（CIP）数据

美的批判 ／（日）植田寿藏著；马小力，郭晓颖译
. — 沈阳：东北大学出版社，2023.4
（人文艺术文献译丛／王秋菊，张燕楠主编. 第一
辑）
ISBN 978－7－5517－3251－2

Ⅰ. ①美… Ⅱ. ① 植… ②马… ③郭… Ⅲ. ①美学 一
研究 Ⅳ. ①B83

中国国家版本馆 CIP 数据核字（2023）第 077191 号

出 版 者：东北大学出版社
　　　　　地址：沈阳市和平区文化路三号巷 11 号
　　　　　邮编：110819
　　　　　电话：024－83687331（市场部）　83680267（社务部）
　　　　　传真：024－83680180（市场部）　83680265（社务部）
　　　　　网址：http：//www. neupress. com
　　　　　E-mail：neuph@ neupress. com
印 刷 者：辽宁一诺广告印务有限公司
发 行 者：东北大学出版社
幅面尺寸：140 mm×203 mm
印　　张：5.25
字　　数：127 千字
出版时间：2023 年 4 月第 1 版
印刷时间：2023 年 4 月第 1 次印刷
策划编辑：牛连功
责任编辑：杨世剑　张庆琼　　　　　　责任校对：周　朦
封面设计：潘正一　　　　　　　　　　责任出版：唐敏志

ISBN 978－7－5517－3251－2　　　　　定　价：48.00 元

总　序

　　20 世纪 80 年代初，我国开始盛行译介外国美学和艺术理论，出版了大量富有价值的译作。其中，日本的美学及艺术理论虽然也受到了关注，但是，仍然以欧美、俄苏的译介为主。众所周知，日本是东亚国家中率先走上现代化之路的国家，在哲学、美学、艺术学等人文社科体系建构方面也起到了引领作用，产生了多位具有独立美学理论体系且著作等身的美学家。对于中国美学界而言，在这一时期的美学大家中，大家较为熟悉的有大塚保治、深田康算、藏原惟人、中井正一、竹内敏雄、山本正男、今道友信和神林衡道等，而作为大正时期和昭和前期的日本现代美学主要代表的大西克礼、植田寿藏却没有得到应有的关注和重视，尤其是植田寿藏的著作至今尚无译本。

李心峰在众多日本现代美学家中选出四位最重要的代表人物，在其所著的《日本四大美学家》①中作了较为翔实的论述，可以说是中国迄今为止对大西克礼和植田寿藏两位美学家的首次研究。为了进一步全面研究日本现代美学，填补尚缺中文译本的植田寿藏美学著作的空白，东北大学人文艺术文献译丛翻译小组首先选择了植田寿藏美学著作中的五部进行翻译。植田寿藏（1886—1973），是日本京都学派美学代表人物，深受西田几多郎哲学思想的影响，构筑了以"表象性"为核心范畴、集现代性与浓厚东方思维特点于一体的艺术哲学体系，具有"弱理论"和"东西方对话"的特色。植田寿藏的美学、艺术哲学研究的主要著作有《艺术哲学》《艺术史的课题》《视觉构造》《美之极致》《美的批判》《艺术的逻辑》《绘画的逻辑》《日本美的逻辑》《日本美的精神》等，在近现代日本美学、艺术哲学体系建构中具有极高的地位和重要影响。

---

① 李心峰. 日本四大美学家［M］. 北京：中国文联出版社，2021.

此次人文艺术文献译丛选定《艺术哲学》《艺术史的课题》《视觉构造》《美之极致》《美的批判》五部作品作为第一辑，后期还将继续翻译植田寿藏以及大西克礼等美学家的著作。希望我们的翻译能对从事艺术理论研究的同人有所裨益。

2022 年 10 月

序

　　众所周知，作为美之形态的艺术，必然要作为美的对象呈现出来。换言之，艺术必须要得到观照。然而，艺术并非始于天然，它是由艺术家创作出来的一种审美存在。因此，被创作的艺术一定会预想到观照，也正是通过艺术这一具体事实，创作与观照产生了根本性的关联。

　　然而，当我尝试进行更深层次的思考时，我发现：就根本性而言，事实会让人预想到其成立的理由。当一个事实存在时，我们必定会预想到理由与事实的关联。而且这样一来，我们还会进行反向思考。只要某一事实背后的东西能够作为事实成立，就会与之产生根本性的关联，从事实到使之成立的背后的东西都应该被反思。这就是所说的，事实要作为知识的对象被思考。艺术的事实必须从根本上作为知识的问题被发现，（另一方面）美必须被批判。因此，艺术批评是作为美的创作与观照的艺术事实的根本性要求。

艺术批评，从根本上来说，有着各种各样的形态。作为艺术的历史，一个是艺术理论，即美学；另一个是与这些理论相对应的各种类型的艺术批评。我曾经就艺术史的问题进行了一些尝试性考察。其中，何为艺术批评这一问题，是最需要解答的，于是我想将其作为本书的核心问题来思考。美学或者艺术史，特别是这些类型的艺术批评，作为艺术的具体事实本身更深层次的要求，在人们对美的批判以及艺术等问题的反省过程中分别具有什么根本性的构造等问题，都是我努力尝试去理解的课题。

有鉴于此，理解区分各种类型的艺术批评的根本构造，是本书拟解决的问题，也恳请各位不吝赐教。虽然关于我特别感兴趣的、如何能够实现优秀的艺术批评的方法在本书中并没有答案，但我还是希冀读者若能通过本书，清晰地了解本书努力尝试解答的基本问题，这样多少也能有助于正确理解、开展艺术批评吧。

植田寿藏

1948 年 1 月 20 日于京都

目　录

第一章　艺术家与大众的根源性相关

❀ 一、康拉德·费德勒①的谬误

我曾因某个契机，认为艺术创作是观照的一种升华。我曾尝试在美术作品的创作中寻找这种例子。当我从单纯地观察自然的阶段上升至更高、更远的阶段时，认识到观察一个事物的视觉经验，其实是在创作这件美术作品的艺术活动中体现出来的。当然，这种认识并不是我突然想到的，而是确确实实建立在接下来我要阐述的这个极为简短的事实梗概的基础之上的。

我们只要睁开双眼，或者说只要没有因为某些意外不幸失明，就一定会看到一些东西。无论我们怎样调动自己的意志力、努力下决心不看，也无法阻碍眼睛看到东西。我们必然会

---

① 康拉德·费德勒（Konrad Fiedler，1841—1895），德国哲学家、艺术理论家，极力主张将美学和艺术学区别开来，被称为"艺术学之父"。他认为真正艺术品的创作独立于概念的活动，基于一种感觉经验，特别是视觉经验的独立自由的发展。艺术只需遵从艺术的规则，而无须囿于艺术以外的现实原则。主要作品有《论造型艺术作品的评判》《论艺术行为的起源》《论艺术趣味及艺术趣味之提升》等。——译者注

看到一个又一个东西。也就是说，我们无法做到在生活中不看到东西。我们也并非经过向他人学习或者多次练习后才开始知晓"看"这一概念的。而且，与其说睁开眼睛就看到，莫不如说，是因为具有"看到东西"的这一经验，我们才睁着眼睛。这是一种与生俱来的必然事实。

这是对于我们的眼睛而言必然成立的事实。所谓必然的事实，是指这里面无须预想特殊条件，即"看到东西"对我来说是一种特定的经验。若没有这一经验，也不会发生"我看到东西"这一事实。所谓"我具有特定的经验"，必须预想到我经历过的特殊情况。如果没有预想到这些情况，那么"我的眼睛看到东西"这件事毫无疑问是基于我生而为人且长着一双眼睛这一事实。这样一来，就必须预想到：我能通过眼睛看到东西这个事实，并非仅限于我个人，而是所有的人都一样，我们必然且天生地能通过眼睛看到东西。我们睁开双眼看东西，既是我们所有人必然且天生具备的事实，也必定是与之无法脱离关系的、对所有人来说是普遍性的事实。换言之，即"睁开双眼看到东西"对我们来说是一个"根本性事实"。

作为这样的一个根本性事实，我们的眼睛能看到"一个物体"，还能看到"另一个物体"。这些东西都可各自作为"一个物体"，而与"其他物体"有所区别。换言之，一个东西具有不同于其他东西的特有的形状和颜色，即具备其特有的轮廓与表面的圆润度。"视觉的世界"便产生于此。

当超越个体的"看东西"的这种能力体现在每个人身上时，我们将其称为"视觉"。视觉实际上是一个根本性事实，它会体现在每个人的眼中。首先每个人都有双眼，然后"视觉"在此基础上建立，但这并非外力使然，而是"视觉的产生"，即"我们看到东西"，也就是我们拥有双眼。

　　如果失去了看东西的功能，我们的"眼睛"就形同虚设，"观赏花儿的我们"亦不复存在；反之，如果我们的眼睛脱离了"看东西"的事实，视觉也不会产生。产生根本性的视觉的唯一的事实，从生理学角度来考虑，就是我们拥有双眼。伴随着"视觉"，我们还拥有"听觉"、语言，它们也同样有着相应的基本功能。而这些正是我们的"耳朵"和作为语言表达器官的"嘴"存在的意义，这些都不难理解。由此，可以直接将相互区别的表象作用，即"表象性"作为它们（视觉或听觉）成立的根本来预想。这些东西完全超越了相互之间的区别、有着更加复杂的背景，抑或未经区别，即具有无限性。这倒也不难理解。

　　视觉原本是指看东西的功能。听觉有听声音的功能，嘴巴具有讲话的功能。但是无论是哪个，都无法将功能或者作用本身表象出来。眼睛看东西，看到的是作为"一个物体"的特殊的颜色和形状，并非"眼睛看东西的作用"本身；耳朵听的也是"一个声音"，而不是"听声音的作用"。视觉无法看到视觉本身，就是说视觉不能基于视觉本身成立，必然要依靠视觉以外的某种东西成立。然而视觉以外的东西，又不能是视觉以外的一种表象性，如听觉。听觉有听声音的功能，听不到声音以外的任何东西。听觉听不到视觉，视觉也无法依靠听觉成立。但是视觉确确实实存在，这是确定的、无法否认的事实。如此说来，所有事物的成立都是没有限定条件的。所以，我们要把"无限的东西"预想为其成立的条件。同理，我们可以预想听觉和语言成立的依据也都是"无限的东西"。当我们预想或者思考"无限的东西"时，其背后根本存在的、有限的东西绝不是一个，而是多个。视觉即看到东西，是一种根本性的事实。我们无法想象视觉不看东西，即视觉永远代表着看到。视觉是一种深层的意志，即超越了个人的意志（想要看到东西时的最深意味的"意志"）。这个深层的意志是基于最深刻、最直接意义上的"行动"。意志是一种无限的作用。但是视觉的作用是"看东西"，并非在所有东西上均可奏效，即"看东西"这一作用的发挥是受到限制的，具有有限性。而这些有限的东西从根本上说是可以与"其他东西"区别开来的。但是，若将视觉与其他东西加以区分，我们便会想到区别背后的东西，即无限的东西。

即便是我看到一朵花这种极为微小的经验，也是基于视觉的深层根源成立的。视觉的意志是作为"看到这朵花"在我的眼睛里呈现出来的。视觉是因为通过我的眼睛实现了"我看到花"这个事实，它才在那里看到了"花的模样"。

我们看东西时，其实是眼睛在看。但是眼睛不是悬浮在空中的，它是身体的一部分，作为脸上的一个器官，有上、下眼睑，与眼眉和脸连在一起，并且通过周边组织，进而与整个身体连在一起。眼睛看东西时，是"整个身体的一部分"在发挥作用。我们看"一个物体"特有的颜色与形状，是在眼睛中经历了构成物体的轮廓线及其所限定的表面的延展，即一个空间运动。这就是意识的行为。然而，意识必须依赖于身体，它不能脱离身体悬浮于空中。意识活动要有身体的活动。身体的活动必须体现在"可以活动的身体"构造之上。不同的身体部分作为根本性事实，有着不同的构造。活动的部分有着各自不同的构造和不同的运动形态。我们的眼睛能看东西，就是这个意义上的运动在眼睛里体现出来的结果，是身体的运动在眼睛里的表现。与此同时，不难理解身体的各个部分均具有反应运动的功能。我们看一个物体的颜色和形状的同时，我们身体的各个部位也发生了运动，这便是我们看一个东西的过程。当我们看一个物体，不是只要有眼睛就能看到，而是需要用整个身体来看。但是，运动的部分因为构造不同，产生的运动形态也不一样。脚部的运动粗略豪放，指尖的运动则精致细密。因此，指尖的运动便能精密地和眼睛的活动保持一致，当拿凿子雕刻木材时或者拿笔画画时，我们的眼睛和手指便能紧密配合、保持一致地进行工作。"看一个物体"从根本上来讲就是作为一项艺术创作的深化。

然而，这种想法可能会带来一些疑问。如果创作是观照进展到更高层次、更深远阶段后所产生美的经验，那么创作美术作品的美术家所具有的经验，对仅仅停留在观照层面的人们而言，是完全无法理解的。对于非美术家的人们来说，美术创作这一活动便成了他们完全无法涉及的领域，而美术创作领域中的产物——美术作品，必然也无法被他们所理解，他们也没有任何对美术作品评头论足的资格了。这不意味着，一般的艺术作品无法被那些非艺术家的人们所理解吗？

这不单单是我杞人忧天。很早以前，这就作为康拉德·费德勒笃信的学说被阐述。在题为《论对造型艺术作品的评价》的论文中有详尽的解释。接下来我将稍微详细地介绍一下。为了将篇幅较长的论文尽可能言简意赅地作以传达，我使用了自己的语言对其进行概括。

人们创作出来的艺术作品，只有追溯到人类自然能力本身，通过思考创作目的，我们才能充分理解这些作品。我们在大自然中发现的东西都可以视为本质的东西。而与此相反，人类的作品一开始就设定为目标的东西才是其本质。这些不是取决于创造者的意图和能力，只是偶然被顺便发现的内容，都是非本质的东西。对艺术真正的理解与判断，必须全部把握其本质内容。艺术是极为普遍的关注对象。然而，这份关注却经常会导致关注不到作品的本质内容。那些不会区别什么是本质内容的人，把仅仅对非本质的内容的一些认识误以为是（对作品的）本质认识，这种结果也时常见到。

这种误解的产生有多种原因。是否具备进行艺术创作的特有的能力，是区别艺术家和非艺术家的特征之一。非艺术家在进行观察时，他们很难充分理解这种他们所不知道的力量所具有的特有的意义。所以他们注定无法正确理解艺术家所要表达的内容。人们往往忽视了努力去理解艺术家自身赋予艺术作品的意义本身，而是想要通过探讨作品创作的一个"契机"或者仅仅是当初的准备，试图对作品进行评价。

艺术正是通过艺术所特有的途径，换句话说，正是通过带着艺术家的关注来观察世界，才能够发现基于艺术最深刻的本质认识。艺术方面的天分，要求人们对事物的性质具备特别细腻和敏锐的感觉和情感。然而，这些能力的微妙活动并不会直接证实艺术天分，不过是从事艺术活动所需要的基本条件而已。而成就艺术家的，是他们通过自己特有的方法超越了自己的感觉。

只有那些超越了感觉、情感和概念等的作用，能够执着于自然的视觉性直观本身的人，才会具备艺术天分。人类的直观，与感觉、情感和抽象的认识一样，会因为性别、素养、年龄、民族、时代等的差异，具有无限多样性。不过，人们很少会看到直观的独立发展。本来，直观无法脱离各种各样的精神生活而存在，我们是不能将感觉与直观分开来看的。但是，感觉没有强大到能够增强唤起它的对象的直观认识。尽管直观并没有什么发展，仅仅基于非常肤浅的知觉的表象，也能够唤起我们的感觉。感觉的强弱依赖于情感的兴奋度，而并不取决于直观的认识程度。对于直观的发展，感觉倒不如说是有害的。如果对于一个物体的感觉增强，那么对直观的认识便会减弱；如果我们的意识都被感觉、情感所填满，那么直观一步也无法发展。

事实上，在知觉的对象展示给我们的形象中，人类一般只能捕捉到极少的信息。但是这并不是因为我们的记忆力很难在感知到那些信息的瞬间里明确又完整地保存好那些表象，而是因为知觉本身一开始就是不完全的，人类原本又是非常粗糙和无感的。直观的能力，经常如此衰弱。直观的领域是无限的，对于想要在这个领域中深入探索的人来说，其具有不可测量的宽度；而对于大多数人来说，即便想要在抽象的领域里不断向更宽处扩展，也是很难的。只有那些能够自由发挥感知能力、神经发达的人，才能够确信直观世界的无限性。凭感觉直接接触自然，这是具有特殊天分的人才有的罕见的特权。他们不在意（知觉）对象的个别作用，而是把握实际存在的事物本身，在没有将情感的整体分析成一个个感觉之前，就能捕捉到与物体的对象性本身栩栩如生的形态有关的、超越了美丑区别快感的、属于自然本身的东西。

在抽象认识能力方面，我们按照自己的思维要求来看待自然现象，认为世界是以概念的形态构成的。正因为如此，我们能更丰富、更清楚地意识到概念的世界。于是精神就发生了突然的转变，从感觉方面到非感觉方面，从视觉层次到非视觉层次，从直观到抽象。结果，直观世界贫瘠而阴暗。人们因为获得了概念世界而失去了直观世界。

无论是在日常生活经验中，还是在科学观察的时候，我们绝对都没有百分之百地依赖于我们的直观。于是直观仅仅在抽象为概念的时候发挥了作用，并成为了关注对象。在我们精细地观察自然的外部现象、反复体会和推断的时候，即便是常常将关注对象置于眼前的观察者，直观也常常不过是他们的一种获取知识的手段。

一般认为，那些擅长对视觉事实进行精密观察的人，在欣赏艺术作品的时候，他们凭借着自然概念的知识，能够判断这个艺术作品是否完美再现了自然。尽管这样有些不妥，但是在用科学关注的标准来衡量艺术作品。

人们常说，艺术是一种对自然的模仿。但是，只有创作出和原来东西一样的东西，才能称为模仿。然而，艺术家为了创作作品，从外部开始，创造一个已经置身于自然并被塑造完的形体，这并不是一种简单机械式的模仿。艺术既不是为了表现那些与现象无关的"无法看到的东西"的手段，也不是为了传达用其他方式可以表达意思的一种文字，也不是对在创作之前便已经存在的自然现象进行钝化、完全化后的一种再现，更不是艺术家用来将他眼中"现实的自然"表现为"理想中的自然"的一种素材。

艺术活动不是对大自然奴隶般的模仿，也不是一种随心所欲的感觉，而是艺术家本身自由的构建。模仿的前提是存在被模仿的东西。艺术家所表达的自然在被表达之前是不存在的。只有融入了艺术家的认识，它才成为一种存在。

有人称科学为自然的模仿。凡是能够被称为艺术的东西，都完全可以看作科学的模仿。科学的意义在于通过精神的力量，将世界变成一个可以被理解的存在。科学是研究，是与艺术相同的构成；艺术是构成，是与科学相等的研究。

　　能自由地使用直观的能力，并且由此而有所创作，这是艺术天性的本质。对于艺术家而言，直观是完全自由的、不被其他目的所左右的、单纯的能力。对于艺术家而言，世界是一种单纯的现象。他们所看到的世界，仅是能够捕捉到的关于物的视觉上的形态。他们与世界的关系，基于作为人类精神的一个方面，即认识力的、本质的要求，这便是艺术的起源。艺术家对于世界的态度，绝不是任意为之的，而是有其必然的立场。当人们的精神发展到一定程度，才会产生科学地认识世界的要求。艺术也如此。只有当直观的世界构成变得越发丰富并不断发展时，艺术才成为可能和必要。其中的媒介是艺术的想象力。虽然我们的想象力有限、对世界的认知也很有限，但是强大的想象力一直不知疲倦地活动着，从无限的直观世界中发现诸多要素，使人们突然间意识到自己面临着无限复杂的课题。这种精神状态会进入更高的领域，以敏锐的直觉和想象力为媒介，受到其本性的内在必然性驱使，捕捉到集合而成的视觉现象中的一种无限丰富且毫无常态的混乱，并将其以清晰的形态展示出来，这就是艺术活动。

　　艺术家确实都有一种强烈的冲动。他们会将最初在精神上觉醒并发现世界的、狭隘且暗淡的意识放大，并试图把这些东西变得更加清晰。艺术家绝不是要认识或者揭示与他的精神活动无关的东西，而是要产出完全不同的世界。他们的精神生命就是要不断地产出艺术意识。这是一种必然性的活动。艺术作品的产出，不过是这种艺术意识产出的单纯外在化的结果。

艺术家的精神生活会源源不断地产生艺术的意识，这便是艺术活动。而艺术作品则是艺术活动外在表现的唯一结果的呈现。凡是人们所在之处，都会有这样的艺术活动。即便是那些粗野之人，这种能力发展水平很低，甚至处于一种极端萎缩的状态，艺术活动也是存在的。因而，艺术活动会呈现出无限多的种类和级别（康拉德·费德勒，《论对造型艺术作品的评价》）。

按照费德勒的观点，理解艺术只要遵循艺术路径就可实现。只有理解了艺术家从事创作时的设想，即理解了作品的本质内容，才会实现对作品的理解。艺术家的创作是使之成为艺术家的人类精神的特异性活动。非艺术家虽然也具备这种能力，但只能说还停留在一个很低的发展水平。这样一来，产生的必然结果只能是：不是艺术家的话，就无法理解艺术作品。提出这一观点的论文最初发表于1876年。后来费德勒在1887年发表的另一篇影响力更高的论文中又围绕这一观点进行了强调并详细论述。

科学思维是世界上的共识，其目的是通晓、了解，而非观看、欣赏。因此，眼睛的作用并非单纯看东西，还有知晓。从事科学研究的人通常会将尚未被概念化的直观，单纯地理解为从属的、无法被准确认知的东西。这是错误的。直观是一种与抽象认识不同的认识。世界上有的领域是无法依靠思维认知的。这就是直观认识领域。正是作为艺术家，才能凭借特异性方法，捕捉到这个领域中无论凭借怎样的思维都难以理解的特殊的存在。

艺术是一种直观的活动，但它绝不仅仅止于直观。莫不如说，直观的尽头是艺术。艺术家并非具有特殊的直观才能的人。艺术才能并不是指能通过双眼看到更多、更清楚的东西，也不是指具备那种为了实现选择、概括、变形、改良的特殊才能，而是指由于本性使然，直接将对物体的直观感知转换为直观表达的能力。

对于将精神活动和身体活动分离开来思考的人而言，艺术家的外在活动不过是将他们在直观中捕捉到的内在形象，表现为他人所能看到的永存的东西而已。然而，精神活动和身体活动是无法分开来考虑的。艺术家的外在活动是一种必然。他们的表象冲动带动了身体外部器官（眼睛和头部）的运动，再加上手的动作的瞬间，他们开启了精神和艺术生活的更高层次的发展之门。据此，在此之前便创造出来的艺术的表象，并非以外在的形式被描绘出来，而是表象本身由此而产生了。

艺术家在创作过程中所体验到的东西，是除此之外，绝对无法被激发出来的意识和进展。他们完全忘却了自己的活动之外的事情，无法区分精神活动和外部器官的机械活动，始于双目感知的过程逐渐蔓延到全身的活动。这时，他们的意识水平达到了顶峰，得以捕捉到真正的视觉现象。

人们也许会想象，我们每个人都能看见东西，和艺术家看的一样；也许会认为，我们的眼睛能根据所掌握的东西（经验或者知识）来衡量一幅艺术作品；认为我们与艺术家完全一样，没有根本区别；认为只不过艺术家的外在活动是将我们的内在的经验机械性地描写出来罢了。然而，即便想要简单地将双目感知转化成有形的表达，这种最谦逊的尝试也不会被我们允许。将双目的感知过程升华转化为视觉表达的这一能力便将我们和艺术家区别开来。而对于并不具有这种能力的我们来说，绝对无法理解这种能力。在艺术活动的整个过程中，单纯的观察和使之表象化，不过意味着一个单纯的出发点而已。只有通过双手创造出外在形态，才算是完成了一项艺术活动。我们也在自身知觉与表象的高潮时期，尝试过那种幼稚的描写性的动作，但基本都以惨淡收场；而艺术家却可以将这个过程发展成为非常丰富并且有深度的活动。艺术天分的真正的特征是，能够将所有人都心领神会的一个表达过程，发展到一个全面的但又远远超出一般标准的高度（康拉德·费德勒，《论艺术行为的起源》）。

然而我还要回到最初的这篇论文，并加入一些本研究必要的内容。论文中阐述的观点如下。

如前所述，对非艺术家来说，让他们去完全理解一种不懂的能力是十分困难的。对于想要跟随艺术家走进艺术世界的人而言，若想学习认识一个未知的领域，就必须摒弃他们现有的、从生活中所得到的所谓实践经验，换一种新的方法进行观察。

当然，完全了解艺术是一件不可能的事。艺术意识是无法以作品的形式完全表现出来的。它会在所有的瞬间里达到顶点，并在那些瞬间消逝，转换为另外一种新的意识。它不会被完全表达，也不会被固定为一个作品。艺术作品也绝不是艺术活动的总和，只不过是"无法全部表达"的碎片。瞬间产生的艺术认识，也不过是短暂存在的视觉纪念。因为从它完成的瞬间就开始趋于破灭，不久就只剩残骸。虽说会有永久存在的作品，但那不过是"曾经的某个东西"的影子而已。作品表达的艺术意识，从完整性上来讲昙花一现，转瞬即逝。也仅仅在那个瞬间，仅仅对于那位艺术家而言，具有无上的意义。倘若作品在完成的瞬间就踪迹全无，也是完成了它的最高使命。艺术家的内在活动也不过是星星点点地体现为外在活动，仅仅是体现了艺术劳动的某一个阶段（康拉德·费德勒，《论艺术行为的起源》）。

尽管如此，艺术形式仍是艺术意识的唯一的直接表达。艺术家不是为了表达一些无形的东西而进行艺术形式探索的，而是将作品作为一种未发展的形体来展现，不是用来表达或者复制那些未被表达但已经存在的内容。这就是艺术意识的实质。

费德勒还提出，尽管如此，我们也必须为理解这些艺术作品付出努力。

艺术是人生出于各种目的必然会接触到的一部分，并不服务于其他领域。在人类发展的任何阶段，艺术都是必然存在的。即便是在人类最原始的状态、最偏远地区的文化中，也到处都有艺术追求的觉醒和发展。艺术能力的差距决定了艺术的前进方向。艺术能力从低到高，表达的完整性由弱到强，都在不断地发展。无论在发展程度上有怎样的差异，基于同种需求和能力产生的艺术作品都会挣脱时间和空间的束缚，产生各种各样的依赖。

许多人具备可以开展艺术创作的天赋，尽管水平有限，但凭借着这种能力，可以发现通往艺术世界的大门。也只有被赋予了这种能力的人才能感同身受地体会艺术家的辛苦。他们能够清晰地想象出作品的创作过程，并努力地在这一过程中脱离与简单现实对立的情感和思维领域，摆脱视觉上的混乱状态，进入到有着明确规则和秩序的艺术世界。

费德勒认为，只有经历过将自然创造为艺术作品的过程，才能进入艺术特有的领域，才能理解它特有的语言。能做到这一点的也只有艺术家。因为只有他们才拥有讲述艺术语言的能力。艺术就像一本只有少数人才能读懂的秘籍。我们必须放弃艺术是被大众广泛理解的想法。艺术世界的大门对于大多数人来说是完全关闭的。因为对于那些不具备将视觉实在的意识发展成为清晰形式的素养的人而言，是无法跟得上艺术家的创作脚步的。如果没有足够的天分，无论多么努力、经过多少训练，也是无用的。

能透彻地解读一个艺术作品的，只能是它的作者。其他人无论多么了解艺术家创作意识的发展过程，都只不过是接近完全理解。而能够比其他普通人更了解作品的，是其他艺术家。因为他会基于自己的艺术创作经验了解他人的创作过程（康拉德·费德勒，《论艺术行为的起源》）。

无论我们怀着怎样的激情，试图去努力解读艺术作品，艺术的内在对我们而言依然是未知的世界。虽然我们可以通过作品来理解艺术效果，但是作品的成立过程是无法通过效果来认知的。当我们抛开"艺术作品对我们来说意味着什么"这一疑问，通过思考作品是如何从艺术意识中诞生的问题，艺术作品对我们而言才成为真正有生命的东西。这时，我们会被直接引领到艺术活动之中，并使之在我们的头脑中再现。我们对作品的理解程度就依赖于与之接触时的精神创造力。

一旦开始理解艺术作品，我们就会同时感受到来自作品的最大刺激，催生一种新的精神活动。这时，艺术作品就擦亮了我们面向艺术世界的双眼。我们会将这种新认识的进步所带来的最大快感赋予这部作品，并且只有在与艺术作品交流时发现这一点的时候，我们才能把握艺术最深处的本质。

艺术创作和艺术评判是完全不同的领域。要求对艺术作品进行严格评判的想法是错误的；认为一定要通过作品的可理解性来证实其存在，试图指出作品缺点的狭隘的判断，也是错误的。艺术作品往往产生于难以理解的领域。试图给作品产出加上某种限定条件的评判都是无力的。

艺术作品的评判常常需要保持冷静，但并不是指对这些成果无动于衷，而是对作品赋予的东西有满足感，并努力认识作品自身的合理性。

评判，必须明确区分作品的全部内容和真正的艺术内涵。艺术才能极为罕见，并且其表现不会受到其他性质干扰。只有站在艺术活动的顶点，才能认识到作品纯粹的艺术内涵。即使在一部作品中有所体现，但如果不是基于艺术才能创造出来的，也不能加入评判。只有真正被发掘出本质内容的作品，其艺术存在才是不可动摇的事实。凡是被创作出的作品都有可取之处，但不能说一定就是优秀的作品。影响评论家最终评价的，只是作品呈现出的艺术表现力的高低。因此说到底，一定要谨防在评判之前制定艺术现象需要遵循的、条条框框的法则。艺术的解释常常只会出现在回顾艺术家业绩的时候，而绝不可能出现在作品产生之前，因为我们无法提前知道今后的艺术活动会提出怎样的主题。不具备艺术家的那种艺术表现力的人，在进行艺术评判时，故作专家姿态来批评作品，这是不忍直视的僭越行为。那些批评家既没有把作品当作无尽的认识源泉，以谦虚的态度学习，也没有足够尊重真正的艺术家在努力扩大精神特殊领域时无限的付出。他们往往十分满足于阐释他们原本早就知晓的东西，认为这就是艺术的唯一任务。面对那些自己无法参与其中的作品，则在一副优越感十足的伪装下，掩盖着贫乏而肤浅的理解。这种行为比起尊重作品、为理解作品孜孜不倦要容易得多。（康拉德·费德勒，《论对造型艺术作品的评价》）

　　我在这里已经详细地介绍了费德勒在这两部长篇论文中表述的观点，也是形成他的著名艺术论的最显著特质的思想要点。他的思想中确实有许多值得倾听的道理。对于人们经常混淆的艺术（不仅包括由艺术衍生出的视觉艺术，还包括所有的艺术本身）的本源性和其他文化现象，费德勒做出了最明确的区分。这是他最值得尊敬、最闪耀的业绩。因此，我才用如此长的篇幅来讲述他的思想。

　　尽管如此，诸位可能尚未注意到，费德勒关于艺术本质的解释和对理解艺术本质提出的要求之间，悄然横亘着无法掩藏的矛盾。他认为理解艺术作品，只与创作出作品的艺术家的想法和表现力即作品的本质内容有关。而创造出作品的人类精神特有的能力是艺术家得以区分于其他人的特质，对于非艺术家来说，这是一种"无法获知的力量"。艺术性的自然的本质，是直观地感知世界的能力，使艺术作品得以产生。这是人类认识世界的能力中最根本的一部分。因为都将世界作为视觉对象，所以人类被赋予的观察世界的想象力归根到底是一样的。那些非艺术家，由于提高了其他方面的认识能力，艺术的认识能力就没有得到锻炼和发展，甚至渐渐萎缩、变得越来越微弱；而艺术家则不同，他们的艺术认识能力不断地增强、发展，能够不断形成新的艺术意识，也就是能够不断地开展艺术活动。他还表示，在由眼睛来独自开展认识活动的过程之中，我们的认识能力被否定了，而艺术家则不同，这是无论我们经历多少练习都不可能理解的。

　　对于非艺术家而言，他们完全无法理解的创作活动的残存碎片，就是艺术作品。而那些作品从被完成的一瞬间开始就一直在走向毁灭。我们所看见的只不过是它被创造出的那一刻残存下来的影子。从这个意义上说，艺术是一种"不可估量的东西"。但是费德勒却主张我们努力去理解它。他认为，我们应该舍弃过去掌握的所有知识，去学着了解世界上的一个未知的领域；在对艺术活动有了深刻认识的基础上，重新怀着作为艺术家的关注，走向与现在对立的世界，就可以发现基于艺术活动最深刻认识的本质内容。不是去询问艺术作品对于我们的意义，而是去思考作品是如何从艺术意识中诞生的，这样，我们就可以进入艺术活动的世界，可以在头脑中再现艺术活动的过程。这是否具有惊人的矛盾性呢？

按照费德勒的观点，非艺术家无法像艺术家一样创作出艺术作品，是因为二者之间存在本质性的区别。但是我认为，这样一来，非艺术家不就只能袖手而立，一脸茫然地看着作品了吗？只要一个人没有创造艺术作品的能力，他就与艺术家的意图和能力毫无关系，只能是处于作品之外，他又如何能理解艺术作品的本质呢？对于那些只能欣赏的作品，除了提出"对我们有何意义"这样的问题，还能问什么呢？如果像费德勒所说的，"作品是如何从艺术意识中诞生的"这一问题与"作品对我们有何意义"是相互区别的另外一个问题，那么我们为何能问出这个问题呢？从根本上来说，那是不可能的呀。如果对于非艺术家来说，艺术作品是"未知的能力"的产出，那么无论如何努力，理解作品的本质内容都是根本不可能的。

我不由得对费德勒那样出色的思想家有这样的想法感到深深的诧异。按理说，如果艺术家的创作活动，对非艺术家而言（抛开单纯的懈怠或者其他个人因素，从根本上讲）无法理解，尝试也将毫无意义。尽管如此，费德勒还主张应该为理解艺术作品而努力，就是因为一定还有某种方法可以理解，即艺术并不是根本理解不了的东西。这简直是一个难以调和的矛盾。然而，他是如何产生这样的矛盾的想法的呢？

如前所述，费德勒的观点中蕴含着许多道理。诚然，我们无法像众多艺术家那样创造出优秀的作品，换言之，我们也无法拥有他们那么丰富的艺术体验。这是非常清楚的事实。然而与此同时，却有一种冲动驱使着我们尝试去理解这样的优秀作品以及创作出该作品的艺术家，这也是一个普遍事实。这种想要了解我们不具备的或者说未知事物的念头又是如何产生的呢？

下面这个问题或许可以作为一条线索，有助于我们找到答案。如前所述，我们不了解创作出优秀作品的艺术家的体验。但是，正是因为不了解，才想要去了解，没有人想要知道已知的东西，想要了解的不知道的东西，是那些优秀艺术作品的意义，以及艺术创作能力的意义。这样一来，我们了解一些艺术作品，不是因为它们是与我们毫无关系的外部存在，而是因为我们把它们视为优秀作品，并且想要了解我们在这些优秀作品中的发现。这样一个非常明白的事实在费德勒的观点面前又有着怎样的意义呢？

如费德勒所言，一部艺术作品从被完成的瞬间开始，就难以再保持完整的形态，艺术作品也无法完全包含创作精神，这恐怕是个不争的事实。从这个意义上来讲，艺术作品确实是不可估量的东西。但是，费德勒还说过，成为艺术家的关键就在于，能否跨越单纯的欣赏阶段，将肉眼所见的东西变为视觉性产物，也就是艺术作品。换句话说，一个人能否成为艺术家，取决于他的艺术意识能否以作品的形式表现出来。不论他的精神活动多么丰富，只要无法将它以作品的形式体现出来，那么那种精神活动就只是一次没有进行实际创作的艺术性体验。那种精神活动也不过是费德勒所说的非艺术家的艺术意识。那个人也无法成为创造作品的艺术家。根本意义上的"艺术家"，作为"作品"的实际创作者，作为一个有目的的完成者主体，并基于这部作品才真正存在。正因为如此，他才能有底气地说，自己是一个有别于其他人的地道的艺术家。

当一部美术作品被创造出来，也就意味着它变成了我们能看到的东西。"一部作品"就是"被创作出来而存在的东西"。存在性即空间性，空间性即视觉性。被创作出来的作品从本质上来讲就是"该被看到的东西"。该被看到的东西一定会被看到。"被看到"是作品的根本性要求。但是所谓被看到，就意味着"对我们有何意义"这个问题的出现。除此之外，还能发现什么呢？对于想要了解作品本质的我们来说，"对我们来说意味着什么"这一问题是不可忽视的。这是将决定我们能否把握作品本质的问题。只有能被人看到，美术作品被创造的根本目的才能凸显出来。艺术家的"能力"和活动仅仅因此而存在。这是费德勒本人所强调的，但似乎被忘记了。

美术家不是闭着眼睛进行创作的，这不必提前说明。他并不是用手拿着画笔或凿子，一口气地将事先在脑海中构思好的作品呈现到画布上或是石头上。他会时刻欣赏正在创作中的画作或雕塑，进而展开下一步创作。没有创作就没有欣赏，没有欣赏也没有创作。我们欣赏一部美术作品，实际上是在欣赏作者所欣赏过的内容。没有想象过"他人欣赏"而创作出来的美术作品，只不过是一个抽象概念。这是艺术存在不可或缺的一面。欣赏就是去想象作品已经存在的事情，欣赏当然不是创作，这与费德勒观点一致。没有人可以像完成创作的美术家一样去欣赏作品。我因某个契机弄清楚了一个根本性问题：因为视觉的根本性意志，人们会有不同的看法，或者升华为更高水平状态的作品风格。这一点是毋庸置疑的，并且为了今后的考察研究，需要特别记住。每个人的看法都不相同，但是，我们要从根本上认识到一个必然的共性，那就是因为各自不同才能相互区别。即便看法不同，也一定会有作为不同之处被发现的同一性。差异是各种各样的。同一个对象被不同的画家以不同的风格呈现出来，必定是以不同的线条、不同的颜色、不同的细致程度刻画出来的。换言之，作品的不同是有局部统一的不同，是一个对象在特殊的视觉构造上的各个阶段。这种局部的不同之间存在着无限的多样性。这种多样性并非仅存在于一个对象的不同作品风格。例如，风景画也会有因对象不同而产生的差异性。或者，再上升一个层次，风景画或者宗教画之间，作品种类的不同也会产生多样性。但是，无论在任何阶段，不同的作品的背后都可以想到一些共通点，包括画作的种类、主题、对象、形式、色彩等。这种"同一物体"的"不同表现形式"是大多数视觉艺术的根本形态。我们欣赏一部美术作品，就是在欣赏作为创作者的美术家所看见的内容，而我们的所见又和他的所见有所不同，就是由于这个原因。

然后要思考的就是接下来的内容。任何人，哪怕是十分优秀的美术家，都不可能从其他美术家的作品中看到与作者完全相同的东西。一位美术家的作品对其他美术家来说必然仍是一种"无法获知的力量"。这一点也与费德勒的观点一致，我们可以列举出足够多的例子来证明。德拉克洛瓦①对安格尔②的评价就是其中的一个例子。他在三卷日记中写满了犀利的评价，下面就是一些重要内容的节选。

> 我看了安格尔的作品展，这简直是太滑稽了。它们将不完美的才能展现得淋漓尽致。作品中充满着他的努力和表现欲，但却看不出丝毫自然的火花（摘自《德拉克洛瓦日记》，1855 年 5 月 15 日）。

不过，在这些毫不客气的批评中，针对同一个作品展，也有如下这样另一种说法：

> 接下来要去看安格尔的作品展。他的作品看起来与初次所见有所不同。我对那些丰富的内容感到很满足（摘自《德拉克洛瓦日记》，1855 年 5 月 31 日）。

三年后的某一天，他又写下了这样一段话：

> 安格尔不懂得如何构图才能将一个主题自然地表现出

---

① 欧仁·德拉克洛瓦（Eugène Delacroix，1798—1863），法国著名画家，浪漫主义画派典型代表。他继承和发展了文艺复兴以来欧洲各艺术流派（包括威尼斯画派、荷兰画派）、彼得·保罗·鲁本斯和约翰·康斯特布尔等艺术家的成就和传统，并影响了以后的艺术家，特别是印象主义画家。代表作品有《自由引导人民》。——译者注

② 安格尔（Jean-Auguste-Dominique Ingres，1780—1867），法国新古典主义画派代表画家，与当时新兴的浪漫主义画派对立，善于将古典艺术的造型美融入自然，主张以永恒美和自然为基础，终生沉浸在追求理想化形式美的法则中，追慕理性的、理想的、非现实的、无内容的纯形式美。代表作有《泉》《爱蒙夫人像》《土耳其浴室》等。——译者注

来。他最常做的就是模仿拉斐尔①的姿态，使自己看上去与拉斐尔有些相似。正因如此，他的作品中也有那么几分能让人联想到拉斐尔的优美，但是拉斐尔的作品全部来源于他本身，而没有模仿别人（摘自《德拉克洛瓦日记》，1855 年 5 月 31 日）。

结果，正如汉斯·托马②所说，"最理解我作品的人是我自己。"因为"我太谦虚，所以常常会没有自信。我的画常年饱受抨击，若是没有一直鼓励我的一位十分优秀的有识之士，我很可能已经失去勇气，或是开始怀疑自己了。""原来如此，那位有识之士是谁？""就是我自己。"（汉斯·托马，《生命中的秋天》）

费德勒所说的，艺术家的作品对于其他艺术家和非艺术家来说是"无法获知的"这件事，究竟是否是艺术家乐于听到的呢？自己付出无限的努力创作出来的作品，却有着不被任何人理解的宿命，这对作者来说会是个好消息吗？他们恐怕还是希望自己的作品能够不言而喻、受到大众的欢迎，得到大家的认可和赞赏，进而期待被理解吧。这果真只能是徒劳的空想

---

① 拉斐尔·桑西（Raffaèllo Sanzio，1483—1520），意大利著名画家，也是"文艺复兴后三杰"中最年轻的一位，代表了文艺复兴时期艺术家从事理想美的事业所能达到的巅峰。他性情平和、文雅，创作了大量的圣母像，作品充分体现了安宁、协调、和谐、对称以及完美和恬静的秩序。代表作品有《雅典学派》《圣母的婚礼》《西斯廷圣母》等。——译者注

② 汉斯·托马（Hans Thoma，1839—1924），德国画家，属浪漫主义画派，被公众和艺术评论家称为"最伟大的德国大师"。绘画风格和主题多样，有风景画、自画像等人物画像，还有宗教及神话场景、歌剧主题等。代表作品有《在吊床上》《白桦林前的自画像》《在森林的草地上》等。——译者注

吗？塞尚①曾经有多渴望自己的作品能在美术沙龙上展出呢？根据杜雷特②的描述，塞尚为了让自己的作品在美术沙龙上展出，坚持每年努力作画，但是依然每年都落选。后来他加入了印象派画家，想要通过这种方式使自己的作品与大众见面。

　　1882 年，塞尚再一次重拾参加美术沙龙的愿望，投稿了一幅肖像画。那一年，他的老朋友基约曼③当选评审。得益于二人之间的交情，他的画作得到了审查员的认可，并最终得以入选。这次展出是这位热情的参展者的作品入选美术沙龙的唯一一次，并且仅仅展出了一幅画。实际上，在他作画的二十年中，他一直蒙受着来自沙龙的评审、大众、美术评论家及美术商的嘲笑、挖苦和无视（杜雷特，《印象派画家史》）。

　　塞尚想要参加沙龙的强烈愿望或许只是一种错误的焦虑。

　　我们还可以从米开朗琪罗④的亲笔信中，试寻一例来看看艺术家对大众关注度的态度。米开朗琪罗接受了设计圣彼得大

---

　　① 保罗·塞尚（Paul Cézanne，1839—1906），法国后印象画派画家。作品和理念影响了 20 世纪许多艺术家和艺术运动，尤其是立体派。其最大成就是对色彩与明暗具有前所未有的精辟分析，颠覆了以往的视觉透视点，空间的构造被从混色彩的印象里抽掉了，使绘画领域正式出现纯粹的艺术。代表作品有《圣维克图瓦山》《缢死者之屋》《玩纸牌者》《一篮苹果》等。——译者注

　　② 弗朗西斯·约瑟夫·杜雷特（Francisque Joseph Duret，1804—1865），法国画家，学院派雕塑家。代表画作有那不勒斯渔夫舞蹈《塔兰提拉》《摘取葡萄的人》等作品。——译者注

　　③ 阿尔芒德·基约曼（Armand Guillaumin，1841—1927），法国印象主义大师，最早加入印象派运动的奠基人之一。生前留下了大批的作品，包括大量色调生动的风景画和海景画。——译者注

　　④ 米开朗琪罗（Michelangelo Buonarroti，1475—1564），意大利文艺复兴盛期雕塑家、建筑师、画家和诗人，与达·芬奇和拉斐尔并称"文艺复兴后三杰"。他的雕刻作品《大卫》举世闻名。此外，还有《摩西》《奴隶》等作品。最著名的绘画作品是西斯廷教堂的天顶画《创世纪》和壁画《最后审判》。建筑设计有梵蒂冈圣彼得大教堂的圆顶和加必多利广场行政建筑群等。其风格影响了几乎三个世纪的艺术家。——译者注

教堂的委托之后，先画了几幅不同的设计图，提交给了教会的负责人。当他得知教会最终选择的是自己最喜欢的作品时，他在信中对做此决定的人们大加赞赏，称他们是有大智慧和绝佳判断力的人，其喜悦之情溢于言表（罗伯特·卡登，《米开朗琪罗的亲笔信和文件记录的个人生活》）。

据说，圆山应举①曾在给一位委托人的回信中委婉地提出请求：即便这幅作品不合对方心意，斗胆请求对方相信他的选择。

> 植松与右卫门阁下敬启
>
> （前略）如上，若这两幅画稿未能取得您的认可，我将不会收取画稿费用。您能信任我并将此事托付于我，已荣幸之至。感君念素日之交，将此事交由我定夺。若您满意，恕我收取六尺画绢共二两银钱作为费用。无论您做何选择，我都不会有任何怨言，还望务必参考拙见。（后略）
>
> 四月十八日 圆山主水②

这就意味着稿费会取决于委托人对作品的满意程度。而身为非艺术家的人则手握作品的评审权。

这些态度是否都是错误的呢？世界上最著名的美术家，都认为大众想看到的作品与自己认为好的作品是一致的。当他们预想自己的作品可以被人理解时，这样一来就会有更高的要求。这种要求并非他们跟谁学的，而是他们不言而明的感触。

---

① 圆山应举（Maruyama Ōkyo，1733—1795），通称主水，日本江户时代中后期写实主义画家。他重视实景写生，画过许多写生帖，代表作有《难福图卷》《雪松图》等。——译者注

② 引自大村西崖《东洋美术大观（第六册）》。——译者注

那么这种要求又有着怎样的根源呢？

如前所述，美术家会提前预想大众的视角。这里的大众也包括除他自己以外的其他美术家。大众正是基于欣赏作品的想象，进而产生了解它的想法。那么大众的这种要求和美术家的要求之间又有着怎样的关联呢？

🍀 二、美的普遍性

费德勒曾说，评判和创作分属不同的领域。创作无须为悟性阐明理由，也不受反思的影响。那么根据这种说法，似乎就可以认为艺术的评判与创作不同之处在于，前者是基于悟性的反思而产生的。如果是这样，那么这个错误的事情就没有必要再次讨论。我们会欣赏一幅作品，或者就是在"读"这部作品。真正的欣赏，并不是要立即以悟性来思考它，应该是直观地感受它。或许我们可以效仿康德①，把这叫作"趣味判断"（也译"审美判断"）。

康德认为，在辨别美丑的时候，并非靠悟性将它的表象和客体联系起来进行认识，而是在发挥想象力（大多数和悟性相结合）的前提下，与我们主观的"愉快或不愉快"的情感有关。趣味判断不是逻辑上的认知判断，而是直观的判断

---

① 伊曼努尔·康德（Immanuel Kant，1724—1804），德国哲学家，德国古典唯心主义创始人。其学说对近代西方哲学有深远影响，并开启了德国唯心主义和康德主义诸多流派。他是启蒙运动时期最后一位主要哲学家，是德国思想界的代表人物。他调和了勒内·笛卡儿的理性主义与弗兰西斯·培根的经验主义，被认为是继苏格拉底、柏拉图和亚里士多德后，西方最具影响力的思想家之一。——译者注

（康德，《判断力批判》）。康德所说的趣味判断，就好比我们在看美术作品时，或许可以看作已经对它给予了评价。康德正是把这种审美判断的能力叫作"趣味"。

但是，康德的这种观点并非他首创。他接受并继承了之前已有的理念，以自己敏锐的思索加以改进后，他的学说被几位美学家相继引用。作为其中一个重要例子，我们在这里回顾一下被称为美学始祖的鲍姆加登①的思想主张，不仅可以用来佐证相关观点，还将有助于开拓今后的研究思路。

其实，人们很早就注意到了康德和鲍姆加登的关系。康德在审美（即感觉性）问题的体系化考察中，对于逻辑学和美学的关系、关于美的诸问题，以及趣味批判的名称等，都沿用鲍姆加登、梅尔②等人的提法。施拉普③等认为，康德与他们意见相反的是，对趣味和认识、美和完美的区分，以及将关于美的学问看作一种学说等方面（奥托·施拉普，《康德的天才学说与判断力批判的起源》）。

伯恩哈德·波普也提到，康德经常带着极大的尊敬和温情谈起鲍姆加登，将鲍姆加登的"形而上学""伦理学"及其他著作作为讲义的基础，并且举了很多实例。他还提到，"美

---

① 亚历山大·哥特利市·鲍姆加登（Alexander Gottlieb Baumgarten，1714—1762），德国启蒙运动时期的哲学家、美学家。美学史上一般认为是他第一个提出"Aesthetica"的术语，并建立了美学这一特殊的哲学学科，因而被誉为"美学之父"。主要美学著作是博士学位论文《关于诗的哲学沉思录》和未完成的巨作《美学》。此外，在《形而上学》《真理之友的哲学书信》《哲学百科全书纲要》中也谈到了美学问题。他的思想对康德、谢林、黑格尔等德国古典唯心主义美学家产生过重大影响。——译者注

② 梅尔（Georg Friedrich Meier，1718—1777），德国哲学家、美学家。——译者注

③ 奥托·施拉普（Otto Schlapp，1859—1939），1926年至1929年任爱丁堡大学德语教授。——译者注

学"这一名称，从其脚注判断，恐怕也是从鲍姆加登借鉴而来的（伯恩哈德·波普，《鲍姆加登：在莱布尼茨·沃尔夫哲学中的意义、地位及其与康德的关系》）。

鲍姆加登于 1735 年在哈勒大学学习和工作，期间发表了题为《诗的哲学默想录》的博士论文。后来他转至奥得河畔法兰克福大学，并于 1750 年公开发表了《美学（第一卷）》。美学的研究，原本最早可以追溯到古希腊，但是因为鲍姆加登所著的这本《美学》，一般将他看作美学始祖。1758 年，鲍姆加登又发表了《美学（第二卷）》。

"美学"究竟讲述了怎样的思想呢？遗憾的是，由于这部约有 200 年历史的文献是用拉丁文书写的，我无法直接拜读。所幸柏林的图书馆里收藏了他在奥得河畔法兰克福大学任教时的德文美学讲义手稿。虽然这部手稿的完成时间难以确定是 1750 年的夏季学期还是冬季学期，但是通过前述波普著作的序言可以了解，这部讲义以《美学（第一卷）》为基础，从章节结构到内容，都与其相对应。而且，作为一部手稿，其内容更为详细，围绕美学的多处注释也很详尽。波普于 1907 年发表的就职论文也将其加进了附录。因此，我们完全可以通过这份手稿来认识《美学》，或者说至少可以对第一卷的思想有所了解。接下来我想详细地介绍一下美学思想的主要内容。

美学——正如鲍姆加登所说——还是一门新兴的学科。尽管迄今为止人们一直在尝试探索美学思想的规律，但它还没有发展成为一门体系化的学科。因此，大家对很多提法大概尚不清楚。梅尔把美学称为"美学理论（die Theorie von den schonen Wissenschaften）"，或者称作"我们的低级认知能力学（die Wissenschaften unserer Untererkenntnisvermogen）"，更为感性的提法是，他和鲍赫斯①一同使用的"无烦恼的逻辑（la logique sans epines）"。然而，我们原本已经使用"审美思考法（die Kunst schön zudenken）"这种称谓。我们对于事物之间的关系认识一半明晰、一半混乱。前者是基于理性的认识，后者是基于"类理性的认识"（类似于理性的一种认知）。但是由于它和包含各学科普遍原理的形而上学有类似之处，也可以把它称作"美的形而上学（die Metaphysik des schönen）"。它的研究对象是感性认识（sinnliche Erkenntnis），是低级认知能力（die unteren Erkenntniskrä）。尝试寻求对美的感性认识，并非始于鲍姆加登，其历史可以追溯到更早的柏拉图②。从欧德布莱希特③、乌提兹④等人的研究中也可见一些简单的叙述（R. 欧德布莱希特，《确立审美价值论的基础》；埃米尔·乌提兹，《美学史：感性认识》）。

没有对表象混乱的预想，就不会看到其本身的清晰。走过

① 多米尼克·鲍赫斯（Le Père Dominique Bouhours，1628—1702），法国耶稣会牧师、散文家、语法学家和新古典主义评论家。——译者注

② 柏拉图（Plato，前427—前347），古希腊伟大的哲学家，也是整个西方文化中伟大的哲学家、思想家。柏拉图和其老师苏格拉底、学生亚里士多德并称为"希腊三贤"。他创造或发展的概念包括柏拉图思想、柏拉图主义、柏拉图式爱情等。——译者注

③ R. 欧德布莱希特（Rudorf Odebrecht，1883—1945），德国美学家。他认为包括审美价值体验在内的一切价值体验的基础是先验意识，也是认识体验和审美体验所共有的创造性综合原理。代表著作为《确立审美价值论的基础》。——译者注

④ 埃米尔·乌提兹（Emil Utitz，1883—1956），德国哲学家、美学家，艺术科学论的代表人物。有时亦被称为客观美学论者。从学于布伦坦诺。1929年起任哈勒大学教授。他的研究广涉哲学、心理学等多个领域，在美学理论和历史方面的探索，对后世产生了重要影响。在美学方面的著述颇丰，其中意义最为重大、观点表达最集中的是《一般艺术学基础原理》（2卷）。他主张美学和艺术科学各有所司，不应混同。美学只研究美，研究最纯粹的审美事实，着重探讨心灵的欢愉和创造想象力，不判断各种艺术现象和具体的艺术作品。——译者注

生动的透明性，才会进入一个清晰明了的世界。正如黑夜不会紧连着正午，其间必然会有黎明一样，清晰的认识也不会立刻就能显现，其间也会经历黎明一样的混乱时期。美学就是以此为考察对象，不是研究混乱本身，而是研究其生动性（鲍姆加登的德文美学讲义手稿序言第 7 节）。

我们把一个事物初次撼动人感官的表象称作"发现"。它蕴含着一种美的并怀着感动进行思维的规律。这种发现应该就属于美学范畴。认识上的美就是美学之目的。一切美的事物都在美学领域内。但当那种认识变得清晰，得以完全明确地呈现之后，就不再属于美学领域，而与美学再无关系。完整性和不完整性成为美学问题仅限于一种情况，即人们通过感性认识来理解某个事物美还是丑这种情况。美学应该只考察触动人感官的东西。理性的认识不属于美学（鲍姆加登的德文美学讲义手稿序言第 16 节）。

所谓美学是感性认识的学问，并不是指美学所包含的一切都是感性的、不清晰的，而是因为美学的主要概念本身是感性的。因为感性的表现中隐藏着清晰的概念，所以美不是混乱的，混乱的表象如何成为美才是主要问题。那些没有形成清晰认识的表象的东西，我们认为其具有感性（鲍姆加登的德文美学讲义手稿序言第 17 节）。

鲍姆加登说，观察美的事物或者更进一步，进行文艺美术作品的创作是具有"美的精神"，需要有"好的头脑""好的心情"。这种精神里有一种自然的素质即"天生的美学"蕴藏其中（鲍姆加登的德文美学讲义手稿序言第 28 节）。

美的精神需要有敏锐的感官。但是这里所说的感官并不仅仅是指具有眼睛、耳朵等器官，而是指能产生活跃且透明的感

觉的感官。这种感官会发挥收集美的思想的作用。就像荷马①
和弥尔顿②那样，即使失去了外部的感官，这两位诗人仍然能
审视事物的美。特殊的强烈情感和内部意识能正确地支配我们
的内在产出，正确地判断美的思想。要做出明智的判断，这种
内部情感尤为重要。因此，人们可以掌握对自己和他人人格的
合理的、正当的评价尺度。这也将人和动物区分开来（鲍姆
加登的德文美学讲义手稿序言第 29 节）。

美的精神还必须有丰富的想象力。如果不能基于强大的想
象将过去的意识和未来的表象结合起来，绝对无法发现美。美
的事物是变化的，这是对美的认识的基本性质。美的精神就是
通过观察过去和现在类似的事情，形成对未来的认识（鲍姆
加登的德文美学讲义手稿序言第 31 节）。

此外，美的精神还有一个必不可少的性质就是洞察性。它
虽然不是起支配作用的主要因素，但能和其他诸多能力一起发
挥作用，锦上添花（鲍姆加登的德文美学讲义手稿序言第 32
节）。

美的精神必须具备良好趣味（也作"审美"）的天赋。
这并非指的是清楚地知道一个美的对象为什么是完整的、为什
么是这个样子，而是指能够具备一种能力——看到的瞬间就知
道它是美的、就是自己喜欢的，并且确实与该对象一致。这就
是具备良好趣味的表现。趣味是悟性所不能判断的对象的审判

---

① 荷马（约前 9—前 8 世纪），古希腊诗人，专事行吟的盲歌手。代表作品
有《荷马史诗》《伊利亚特》《奥德赛》。其中，《荷马史诗》在很长时间里影响
了西方的宗教、文化和伦理观。——译者注

② 弥尔顿（John Milton，1608—1674），英国诗人、政论家。由于工作任务繁
重，于 1652 年双目失明。代表作品有长诗《失乐园》《复乐园》《力士参
孙》。——译者注

者。在美的世界里，无论是悟性还是理性，任何东西都是不能用语言表述的。具有良好趣味的素质，是指一个人不会误判一个适当的、正确的选择（鲍姆加登的德文美学讲义手稿序言第35节）。

美的精神要通过内心的语言预见未来。那其实就是一种感动。为了使人感动，首先必须预想到自身的感动（鲍姆加登的德文美学讲义手稿序言第36节）。

所谓美的精神，必须具备将自己的思想以美的形式传达给他人的天赋。不仅仅依靠语言，还要能够用其他的符号传达（鲍姆加登的德文美学讲义手稿序言第39节）。

以上这些思想，只是鲍姆加登美学讲义序言的一部分。然而我们据此就可以大概说明鲍姆加登美学观点的基本内容。也就是说，他认为美是对事物感性认识的完整性经验。把认识的完整性作为美，不是基于对事物的明晰的认识，而是基于低级认知能力——感性认识得出的。而且，必须具有认识对象的混乱表象、鲜活且透明的表象。为了防止陷入此前的某种误解，我们还必须做好正确理解"感性认识"这个词语的准备。通过感性认识得到的"混乱表象"，和与此明显不同的"明晰的认识"，二者之间的差别不仅仅是清晰的程度。关于这一点，根据鲍姆加登美学讲义的内容本身也完全可以理解。如果再参考他在那之前发表的诗论的其中的一节，就可以更进一步地加深理解。1735年9月，他发表了题为《诗的哲学默想录》的论文。他在论文中指出，由低级认识能力获得的诸多表象是感性的。所谓感性，原本是由美好事物的混乱表象产生出来的欲求。但是因为混乱、黑暗的表象是基于我们的低级认识产生出来的，为了将其与基于悟性的清晰认识所产生的表象加以区分，故而借用了"感性认识"这种表达（鲍姆加登，《诗的哲学默想录》）。

希腊的哲学家、教父已经明确区分了"被感知到的东西""被认识到的东西"。但是这种被感知到的东西并不只是感性能感知的东西，也包含现在还不存在的对象的表象（想象）。"被认识到的东西"是通过更高级别的认知能力获得的，即逻辑学的对象。"被感知到的东西"属于关于美的学问即美学的范畴（鲍姆加登的德文美学讲义手稿第 116 节）。

鲍姆加登在美学讲义第 7 节中讲道："不预想混乱的表象，就无法得到明晰的表象。经过鲜活的透明性进入明确、清晰的世界的过程，类比大自然的例子，就像正午之前一定要经过黎明一样，在得到明晰的认识之前，也会有黎明一样混乱的认识。这个过程，有可能会给理解鲍姆加登的思想造成困难，但是稍加注意的话，其实反而会对正确理解其思想有所帮助。我们必须深刻理解"混乱的认识""明晰的认识"之间的"鲜活的透明性"的意思。正如前文所提到的，鲍姆加登认为，美的精神需要敏锐的感官，不仅要有耳朵、眼睛等感官，还需要有能产生鲜活、透明的感官。那么，这种感官就不是仅指眼睛、耳朵的感知作用，而是与某种被清晰地想象出来的或者联想出来的内部的表象有关系。这是某种具有能动性的东西，必须反映（诉说）睿智的主体性。伯格曼把这种感性认识理解为"内部情感的观照（伯格曼，《德国美学的基础》）"。这种感性认识会驱动我们去感受事物的美。因此，在我们混乱的表象中会隐藏着某种规律，即天生的美学。

这种直观的经验，就是依据由理性或悟性作用而形成的认识，进入明晰化的世界，即得到明晰的认识。"感性认识是明晰的认识的依据”这句话的意思也可以据此来理解。从混乱的表象出发，并不会像从深夜经过黎明再逐渐向正午变化那样，抱着同样的态度就会逐渐得到明晰的认识，而是从知觉到认识，从直观的世界向理论的世界飞跃，这两个世界是属于不同类别的世界。

但是类别不同的世界并非意味着两种认识完全没有关系、没有任何的共同点。恐怕这也不是鲍姆加登要表达的意思。他曾说，感性认识里也蕴藏着明晰化的概念。一般来说，对主要概念的明确把握，会产生带有悟性的或理性的认识。然而与之相反，感性的认识则是以感性的形式直接地把握概念。

换言之，这种认识的能力或者作为主体性的“美的精神”，需要有好心情和智慧，需要有敏锐的感官，即能产生生动鲜活的透明性的感官，或者需要强大的想象的同时，还要有与之相伴的敏锐的洞察性。一方面，美的精神通过这些能力可以把一种思想优美地传递给他人；另一方面，美的思想会直接得到这样正确的评价：“这就是美，这就是我喜欢的。”其中，最重要的是创作，其次是观照。

这些都是通过“美的精神”的特有的强烈情感和内在意识的表现形成的，因而是美的精神所具有的“天生的美学”功能。

但是为何会有天生的“美学”呢？鲍姆加登认为，美学不是单纯地思考“美的规律”，而是对规则整体进行系统的考察。天生的美学，当然与鲍姆加登说的这种美学不同，更应该被称为“感性的美学”，是感性认识中“包含着的规律”。与此相反，美学是一门学问，必须建立在明晰的认识基础之上。一般认为明晰的认识是基于感性认识得到的。那么，天生的美学和美学有着怎样的关联呢？

我们此前已知鲍姆加登认为，"认识的美"是美学之目的。这听起来就像是说美学研究本身以产生美的对象为目的。可能这又与刚刚讲过的观点相互矛盾。"认识的美"是美学之目的，又意味着什么呢？

根据鲍姆加登的观点，具有完整性的"认识的美"，由思想、秩序及其外部表现三部分构成。人们不会将基于思想或者感性观察的美与之对象本身混为一谈。即使对象是丑的，也可以用以之为美的方式观察。同时，也可把美的东西当作丑的来看待（鲍姆加登的德文美学讲义手稿第 18 节）。

感性的美的第二方面是秩序。没有秩序，任何事物都不会美。思想和认识对象之间、思想内部之间必须互相协调（鲍姆加登的德文美学讲义手稿第 19 节）。

第三方面就是表现要和谐，要与秩序相和谐。对于美丽的雕像，为了特别表现出其完整性，还要为之配套美的环境。通过这三方面，来判断一个事物对象的美好和缺陷（鲍姆加登的德文美学讲义手稿第 20 节）。

举这个例子就很容易让人理解。鲍姆加登所说的认识的美，不是对一个事物理论化的认识，而是很明显的感性认识，即直观认识。美学将它作为明晰化的对象。虽说美学的目的在于形成理论化的认识，"以美的视角来思考"则更为期待。不过，之前美学最初的课题是要求"明确而清晰地思考"。关于这点，我们不需要特意向鲍姆加登求证，他的研究本身就给出了明确的答案。

鲍姆加登认为美的精神得以产生，一个重要契机就是"洞察性"。感性的认识即美的认识，不是基于明确的概念，而是通过混乱的表象来把握完整性。感性地、直接地观察一个事物是否具有完整性，即洞察性在发挥作用。这样一来，依靠洞察性就能够清晰地做出判断：完整性的感性认识也就是评价，即是否与美的事实相符。由此也可以断定评价是否真实。洞察性与美的精神的主要能力——想象力，以及以美的形式传达思想的素养这两种能力有着明显区别，当然，也有与形成美的精神的这些契机相区别的特殊作用的一面。因此，它在察知这些契机所产生作用的结果是否真正是美这一问题上，必须完成其最初的课题任务。那么在感性的认识即美的态度中，洞察性就具有矫正性的一面。如此一来，美的精神从其构造来讲，就包含两方面的内容：一是具有创造性的想象力，二是具有矫正性的一面，即带有悟性的洞察力。

如前所述，尽管康德的思想与鲍姆加登的观点有着深刻的联系，但是康德否定了鲍姆加登为了理解审美判断而引入的完整性的概念。康德认为完整性是一种"客观的合目的性"。然而，"客观的合目的性"又是什么呢？他说，当一个概念被视为某个对象的原因（该事物得以存在的实实在在的根据）时，这一概念就成了对象的目的（康德，《判断力批判》）。换言之，"目的"就是作为一个对象的可能性的依据而存在的概念，而与这一概念的客体相关的因果性就是"合目的性"。因此，要想表现一个事物的客观的合目的性，必须首先确立"它必须是一个什么样的东西"这一概念。一个事物的质的完整性，就是指作为其客体结合在一起的多种要素与使之相结合的规则的这一概念相互一致。与之相对，一类事物的完整性即总体的量的概念，是其量的完整性。在某种事物的完整性中，"事物应该是什么样的"是事先就规定好了的，仅仅只需知道它是否具备所有必要的东西即可（康德，《判断力批判》）。

康德将客观的合目的性分为两类。一类是外在的合目的性，即有用性，另一类是内在的合目的性，即完整性。无论是哪一类，想要对其做出判断，都必须预想一个目的概念（康德，《判断力批判》）。

然而美的判断与原来一切概念没有关系。它不是为了形成一种理论化的认识而将某一事物中的各种要素通过悟性统一为一个概念。它只与我们主观的愉快还是不愉快的情感有关，其表象也不会与某一事物的意识相关联。趣味判断的满足，不会伴随与事物的存在意识相关的满足，即不会伴随着"关心"。趣味就是通过不会伴随关心的"满足与不满足"来判断一个对象或表象方法的能力。这样判断的满足的对象即为"美的东西"。趣味判断不存在任何目的的表象。当目的被视为某个对象的满足的依据时，作为判断的依据，一定会伴随着快感（即关心），这种快感赋予了事物与其目的相吻合的表象。趣味判断不具有目的的表象，与完整性的概念没有关系（康德，《判断力批判》）。

然而康德认为，给予非必然预想目的表象的客体、心意、行动等一种目的，换言之，通过规则的表象，为它们提供一种秩序的这种意识，只有在对它们做出根本性的假设时，才能对其成立予以理解。在这种情况下，我们也可认为是具有合目的性的，并且是无目的的合目的性（康德，《判断力批判》）。

趣味判断与概念无关。作为其对象的表象，也不会为了给予这种判断的满足（即快感）而表现出任何目的。而且，可以认为表象通过这种判断给予我们的这种快感具有一种表象构造：表象对于我们是隐形的，它的实现却会让我们获得一个可以带来满足的目的。也就是说，趣味判断的"快感"的确定依据，不在于事物的完整性的表象及善的概念之中，而是事物的表象中意识不到任何目的的、主观的合目的性，即仅仅是合目的性的形式而已（康德，《判断力批判》）。

这就是康德的趣味判断的第三契机，即基于目的关系进行考量的趣味判断的契机。他认为美是不含事物的目的的表象而被感知的合目的性的形式（康德，《判断力批判》）。

一个事物表象中的各种形式，在缺乏规定它的概念的表象的情况下，会相协调而成为一体。这不是由于预想该事物概念的客观的合目的性而做到的，而是取决于对它进行观照的主观意识，取决于该事物诸多表象的主观的合目的性。这种主观的合目的性，不是事物本身的完整性，而是主观的表象状态中的某种合目的性。如果没有某个事物的概念或目的表象，从形式上对客观的合理性即完整性予以表象化，就会出现矛盾（康德，《判断力批判》）。

趣味判断是一种美的判断，是不被任何概念规定的判断。它没有目的概念，即在趣味判断中，不能考虑对象的完整性。美和善的区别仅仅在于逻辑形成过程。有同一起源和内容的、具有完整性的、明确的概念就是善，混乱的概念就是美，这种想法是毫无价值可言的。如果按照这样来区别，这二者属于同类，都是相同的认识判断。趣味判断不是给出关于某种对象（无论多么混乱的事物）的认识，也不是指对象所有的性质，只是使人们意识到对表象的观照起作用的表现力的合目的的形式。当把基于混乱概念的客观的判断称为美的时候，基于可以做出感性判断的悟性、概念得以表象化的感官等才得以存在。概念的能力，无论是混乱的还是明晰的，常常都是悟性。悟性涉及所有的判断。但是，趣味判断不是为了认识该对象，而是为了另一个目的而进行的，即在遵循某种普遍规则的趣味判断的主观与其情感的对应关系的前提下，对那些没有表达概念的表象和判断做出规定。

康德将理性认识与趣味判断进行了明确区分。他认为前者完全不会预想概念，因而无法基于完整性来解释美学。他对于鲍姆加登的观点的否定，仅在这一点是合理的。美并非认识的对象，从这个意义上来说，我们确实均已发现，鲍姆加登为了阐释美的本质有欠妥当和完整。然而，人们难免也会产生一些怀疑。康德严格区分了认为美是具有完整性的混乱的表象，或者称之为感性的认识的这种观点，他主张美是一个对象的无目的性的、合目的性的形式。这种观点到底有没有或多或少与鲍姆加登类似的那种、同样应该被批判之处呢？根据康德的观点，目的是一种概念，而与这个目的相一致的是合目的性。这样规定没有丝毫模糊，因而也没有任何随意变更的余地。然而，认为没有目的概念的事物具有合目的性这种说法，正如康德本人明确阐述的那样，有着清晰的矛盾。即便我们允许康德必须思考没有目的概念的目的，我们也得基于与其思考预想概念目的完全不同的立场来考虑，在理论或者实践以外的情况下，确实是美的判断。基于理论、实践方面思考的目的概念，即便加入了"无目的"这一词汇，就变得妥当了吗？这不是很明显的矛盾吗？

然而，将美与善进行了明确划分的康德，却认为美是道德的象征。（鲍姆如登的德文美学讲义第 59 节："关于作为道德性象征的美"）根据康德的观点，以表达经验概念的实在性为目的的直观是"实例"。仅仅依靠理性思考，任何感性的、被先验地赋予了与之不匹配的概念的直观，就是"象征"。这是先验性地赋予了概念的直观，即描写。但是我们只能看到间接的、某些类似的描写，因为直接的描写是不成立的。换句话说，我们的判断力会将其概念嵌入到一个感性的直观对象上，然后在其他的对象上寻找这种直观反省的单纯规则。最初的对象就是后面对象的象征。

美是善的象征。因此，人们在判断美的时候，会要求所有人有赞同的义务。心意依靠单纯的感官印象超越快感，意识到某种进步，按照判断力的级别对他人的价值进行评价。

这是趣味所期待的睿智。高层次认识也会与其保持一致。如果非要与趣味的要求相比较，在这些认识能力性质中就会产生明显矛盾。在这些能力中，判断力并非像经验性的判定那样遵从经验性法则的他律性，而是像理性对欲望能力一样，会给满足对象赋予法则。因为主观上存在的内部可能性，以及与之一致的自然的外在可能性，判断力与主观本身，以及成为自由基础的超感性的东西结合在一起。在这种超感性的存在中，理论能力与实践能力以一种不得而知的方式统一在一起。

康德进而将美与善带来的满足、想象力的自由、判断的普遍原理等四项内容进行了比较，发现其类似之处普遍通俗运用了悟性。自然或艺术中的美的对象，可以说常常从道德方面被判定。例如，我们会形容某一建筑或者树木庄严、壮丽，会感觉到原野笑得很开心，会描述色彩纯净、谦逊而富有感情，等等。因为所有这些对象的直观，都会从道德判断上唤起与心志状态类似的"感觉"。趣味可以使想象力的自由活动与悟性的合目的性规则保持一致，同时也教会感官的对象无须直接刺激就获得满足，即未经急剧的跳跃，就从感官的刺激转移到道德的关注上。

　　美的事物具有象征性地提供了描述的直观，这一概念即睿智的东西是否就是道德上的善？形容色彩的纯净、谦逊这样的词汇，与道德上的心志状态类似，到底是否意味着是道德上的善的象征？还有，建筑或者树木表现出来的庄严、壮丽的那种崇高，是否也都可以与此同日而语呢？这些问题都是我们在忠实追随康德自身的思考时难免会产生的疑问。即便回答这些问题还需另寻机会，然而以这些"类似的东西"为媒介，（哪怕作为习惯）从感性的刺激转变为道德关注，又是何种情形呢？毋庸讳言，感性的刺激或者感受性，与道德关心是截然不同的。从一个转变为另一个的过程，必然意味着从一个世界到另一个世界的飞跃。只有在不同意义的领域间，我们才会想到飞跃。我们到底会不会在没有大幅度的飞跃时考虑飞跃呢？如果从程度上来看，一定会预想一连串的过程。很显然，这里就存在着潜在的矛盾。

　　我不是抓人话柄，但是我想应该提示大家正确把握那些矛盾的语言所讲述的真正意思，这才是我所期待的。我不是希望自己只理解康德，更是为了能够正确理解鲍姆加登，因而不断尝试去阐述。

　　鲍姆加登美学从"模糊"这一规则中寻求美的认识的完整性，与康德美学的"无目的"的合目的性有异曲同工之处。而且，这一点是鲍姆加登美学中不容忽视的规则。得益于此规则，美与善被直观地区别开来。美作为现象被发掘，若从广义上来看，即从趣味认可的完整性这一层面来说，也可叫作审美（奥托·施拉普，《康德的天才学说与判断力批判的起源》）。深夜的黑暗要跨经黎明的微光方能迎来正午的光明，且说认知从不明了到明了的变化过程，也并不是连续不断的，言语间暗含了意思的飞跃。这与康德所思考的由感性刺激转向道德关心是相似的，我们能做的，其实就是循着历史中引人入胜的两个相似的学说，分析它们的异同点，看看是否朝着前面我们提到的美的普遍性的课题更进了一步。

鲍姆加登所主张的感性认识发现美，虽说遭到了康德的否定批判，但实际上就是康德所主张的直觉发现美，根据他稍微详细点的解说，我认为这一点可以肯定。在他看来，美是直觉认识的完整性，而康德对此观点持否定态度。然而关于这一点，我认为：在自己持有某个定义而去否认他人之前，应秉承着学术善意去确认一下，自己构建了什么意义。

所谓通过直觉建立的完整性，是指什么呢？我们看到一朵花，会觉得美，是因为我们凭借感性直觉认识到了完整性；我们看到一座青山也觉得美，这无疑也是因为我们感受到了完整性。但是花朵和青山是两种不同的事物，它们的美也必不相同。一般来说，美有不同种类，也有不同程度。那么是否确如康德所说的那样，美是等同的，是完整性的体现呢？

当人们欣赏一个事物的美时，只会看到那一种事物，并不会去联想与之相对的其他的美，抑或是比较美的优劣之别。优美、诙谐、崇高，对于不同类型的美，都是如此。但是，美的种类和程度之差非常显著，毫无疑问，我们对美是有所比较的。如果美是等同的、是完整性的体现，那么其完整性必然会分为不同的种类和阶段，这也是可以的。完整性的体现难道不是指客观事物本身具有完整性吗？完整这一特点难道不是所见对象本身呈现的吗？所见之物必然要毫无缺陷才称得上完整。鲍姆加登所说的完整性，如果像康德所说的那样，即一个客观的合目的性的概念设定，那么一个事物若要呈现完整性，就必

须与这一合目的性完全一致。毋庸讳言，所谓客观性，必然是
依据外部构建起来的设定标准。对照外部的标准，找出最具完
整性的一个事物，那么与之不同的其他事物便不可能再具有同
等的完整性。因此，结果就是必然有一方是不美的。鲍姆加登
所说的完整性，和康德的推断必然有着不同含义。

如此说来，完整性必然不是客观的合目的性的概念设定。
事物无法去符合外部标准，因此鲍姆加登所说的完整性，很明
显是指事物的内在性质。如果说是合目的性，那必然是康德所
说的主观的合目的性。不存在脱离表象的概念，也没有脱离概
念的表象，一个表象作为一个统一性的意识内容，必然会拥有
其特定的意思，即概念。如果美是完整性的体现，一个对象只
是照此检讨的一个表象，那么一定要有一个能概括全部表象的
上位概念存在。完整性应对照着此上位概念被检验，如果这里
存在一个标准，那么它一定是超越所有表象的。如此一来，那
必然要回归对象本身的构造，换句话说，若要概括出概念，必
然要回归我们的意识构造本身。按照鲍姆加登的说法，从感性
认识里能找出我们的规则，也就是说混乱中的表象中必然暗含
规则。很明显，"规则"并不是能被清晰意识到的，混乱的表
象本身则往往显示出规则的美的精神效果。感性认识里往往暗
含着明晰的概念。主要概念也是依此被直接捕捉的。规则之所
以成为规则，就在于它的普遍适用性。

鲍姆加登说，美的精神作为感性认识的主体，其构造是敏
锐又明晰、生动的感觉，换句话说，也就是具有超强的想象力
和敏锐的洞察性。完整性则是从这一构造的作用当中体现出来
的。当然想象力、洞察性这两个契机发挥作用时不是互不干涉
的，话又说回来，它们也不是互为制约的，必须相辅相成，才

能让人看到美的所在。美的事物本身所具备的构造，就能唤起美的精神去相辅相成地发挥作用。总之，我们眼里的美的事物之所以存在，离不开美的精神的想象力。按照康德的惯用说法：美的对象所被赋予的表象，其本身的构造，就是美的精神得以发挥作用的一个外化。基于这样的表象构造的意义，或者说从美的精神能统一发挥作用的层面来看（其实也只有从这一层面来看），我们就可以理解鲍姆加登所说的"完整性"了。所以不管对象是一朵花，还是一座青山，不管它们的表象构造有多么相异，作为一个个表象，它们都是一个由部分构成的完整的整体，这也就能即刻预想到其统一完整性了。

　　然而我们已经注意到，对于美的精神来说，构想力是其形成表象的半面，洞察性则是其带有批判性质的另半面。那二者究竟是如何关联的呢？洞察性被称为美的精神的必要属性之一，但关于其缘由，却没有说明。因此，洞察性不应该是一种主要能力，而应是一个仅仅为了凸显其他能力，被要求做个甘当绿叶的配角罢了。当然，这种精神之中所蕴含的必然之物，也不会轻易受外部要求的影响。它与其他能力之间的关系必须由美的精神自身的根本结构决定。那么这种所谓从属关系是基于什么意义而言的呢？构想力是能将美的素材、感觉和记忆结合于一体，并将其形成某种物体的能力，是一种运动，而运动就是变化。不可避免地，人们一定会联想到运动的对立面，也就是与之相辅相成的静止之物。正因与静止相对，运动的速度和方向才能成立。那我们是不是可以将成就了构想力的形成、成就了这种必然的关系中所有瞬间的能力，看作洞察性？抑或是像鲍姆加登本人那样，以"趣味"之名来审视它呢？趣味被认为是一种可以判断事物是否完美的能力，这种能力凭借的不是悟性也并非理性，而是一种直接性。良好的趣味会根据对象与生俱来的气质进行判断，毫不犹豫地选择美的一方，且从不出错。我们也无法将它的作用视为单独的、独立于美的精神的其他方面的作用。原本来说，对象是否符合趣味也是需要用眼睛来判断的。因此，构想力在眼中形成。同时，趣味也会对其进行评判。这并不是构成本身，而是观察构成的过程。趣味的本质一定是洞察性。可能有些人会说，洞察性不能直接等同于趣味。然而，艺术家在创作的每时每刻都离不开洞察性的配合。这使得他们可以判断出其创作是否完美，或是创造出需要洞察其直观的作品结构。我们应该充分认识到，敏锐地分辨艺术作品的创作，抑或是创作过程，都可以用趣味作解。

根据阿尔弗雷德·贝姆勒①的说法，鲍姆加登在《美学（第二卷）》中题为"论趣味"的一章中只讨论了评价的力量（Beuretunsekrait）。他说，对事物的评价建立在对其是否完美的感知过程中，评价力是评价各种事物的能力，它可以分为"开放的"和"感性的"（鲍姆加登，《美学（第二卷）》）。所谓对对象的完美或不完美的感性认知，可以理解为对象的美丑是由"模糊的认知"能力（即趣味）来认识的（阿尔费雷德·贝姆勒，《康德的判断力批判》）。

按照这种解释，鲍姆加登所指的完美就只是美的精神的主要契机的构想力的创作和与其相辅相成的洞察性之间，或是与趣味的作用之间的调和。被探讨完美与否、抑或卓越与否的趣味判断的对象，是一个客观的存在，我们可以从中看出美的精神的构想力。趣味判断必须分析其表象，并找出其中的完美，

①　阿尔弗雷德·贝姆勒（Alfred Baeumler, 1887—1968），德国哲学家。——译者注

也就是与趣味相一致的东西。

　　康德应该否认上述观点吗？我很难同意这一点。我甚至认为，关于康德的主观合目的性的论辩甚至不辩也罢，虽然在鲍姆加登的完整性主张问世之后应当尝试去做，但是这已经是无用的了——至少对我们目前的目的来说是这样。因为这不过是重复我们刚刚尝试过的对完整性的考察，仅有一些局部的差异而已。康德清楚地表示，由直观中发觉的主观合目的性，与无目的性的目的是一致的，不外乎是构想力与悟性的调和，这就是康德对趣味的看法。换言之，实际上这两位美学创始人几乎持有完全相同的想法。另一位艺术家也是如此，他将艺术视为对世界的感知。

　　然而，有一点完全不能被省略，而且非常重要。康德强调，它既主观，又被要求普遍适用。趣味判断需要所有人的同意。一个人在某事物中发现了美，就会要求所有人都像他一样看到此事物的美。他说，这是因为我们与所有人一样有共通的审美依据（康德，《判断力批判》）。再进一步说，趣味判断必须有一个原则，即一个可以必然地、普遍地、妥当地去规定美的原则。它不受某个单一的概念规定，而是完全取决于情感，这种情感也被称为共通感（senses communis）（康德，《判断力批判》）。

　　共通感虽然表现在我们的情感之中，但却不只是我们的情感，它是普遍共通的，可以使趣味判断变得合理妥善。因此，不是大家"也许"赞同我们的判断，而是大家都"应该"赞同我们的判断。我们不允许出现意见分歧（康德，《判断力批判》）。

　　鲍姆加登的完整性是否也有如此要求呢？他似乎没有像康德那样特别明显而强烈的主张。然而，对美的精神和想象力的思考，原本就没有受到哪个人的局限，也就无须再次强调必须具有普遍的、必然的能力。与其有着必然联系的洞察性也是一样。作为构想力和洞察性协调一致的美的精神是主观的，并且要求同时具备普遍的正当性这一要求，康德也没有予以改变。

为了思考美的普遍性，我们还可以把亨利·霍姆①的"趣味的标准"的思想作为一个富有启发性的先例。他在1762年，即鲍姆加登的《美学》发表十余年后、康德的《判断力批判》发表约三十年前，发表了《批判的要素》一书，并阐释了如下思想。"趣味无争论"是一个约定俗成的、被广泛认可的词语。这样一来，就相当于即使认为那些招牌的人物比拉斐尔的名作更值得欣赏，认为粗糙的哥特式建筑是古希腊最美的建筑，认为腐臭的味道胜于花香……也是可以的。毕竟每个人都有自己最终的趣味评价标准，所有这些都不能予以批判。

尽管这些事情令人困惑，但也无法予以确认。怀有趣味的人，会认为那是某种谬误予以否认。然而与此同时，无论有着何种趣味，人们既不会承认这句"趣味无争论"永远正确，也不会断言这句话从未正确。我们的趣味不接受任何指责的对象确实存在。然而，我们确实并不会对趣味的好坏做评价、大概率不会对艺术家进行指责。

所有具有普遍性的事物，在大自然中必有其基础。一旦达到这个基础，趣味标准也不再是秘密。不仅我们人类，动植物也同样，对共同的大自然有着某种感觉或信任，而且是生存经验证明了这种信任。同样种类的被造物有着显著的一致性，不

---

① 亨利·霍姆（Henry Home，1696—1782），是一位苏格兰启蒙运动倡导者、法官、哲学家、作家和农业改良者。他是苏格兰启蒙运动的核心人物，也是爱丁堡哲学学会的创始成员。——译者注

同种类的被造物又有着显著的差异性。这个共同的自然被认为是属于该种类的个体的模型或标准，与之不同的东西看起来就很奇怪。

我们构建了这个人类共同的、具有普遍性的、亘古不变的、完整且正当的世界。因此，我们认为与之不同的就是不完整的、不符合规则的、不整齐的，并且这些东西会让我们感到不快。这个共同的自然或者标准以及对其完整性的确信，在清晰地说明着我们的道德、艺术感觉或者趣味的概念。如果我们没有构建这样共同的标准或者概念，如前所述的"趣味无争论"就会在艺术和道德上普遍适用。由于对于这种共同标准的信任是我们属性的一部分，所以我们会直观认为，与其一致的是优良的、正确的，不一致的就是恶劣的、错误的。所有的人都会认为自己的意见是与人类共同感觉相一致的。因此，与此有着一致意见的人会觉得愉快，相反则感觉不快。

正如我们对艺术怀着高级趣味一样，大自然与此同时会给我们提供与之相配的对象，赋予趣味的一致性。

趣味对象的差异是无限的，而且很多是微小之处的差别。根据我们所在的大自然的感觉部分构成原理，我们的情感具有令人叹为观止的一致性。同一对象会带给所有的人同样种类的印象，可能程度上会有所差别。尽管也会有例外，但或早或晚终归会成功将迷路者引入正道。由于我们的趣味必将受到这一原理的支配，关于趣味的争论，也就由此得到解决（亨利·霍姆，《批判的要素：趣味的标准》第4版，第二卷，1769年）。

根据亨利·霍姆的观点，规定美的艺术观照及创作标准的概念，是基于人类、动物所在的自然界的"共同的自然"或者一致性的概念成立的。这是一种基于自然、由我们构建的情感或者信任。经验不是将各种经验归纳之后形成的知识，只是对这种标准存在的证明，即一种具有先验性的"人类理念"。作为这种信任对象，与自然的一致性、标准相符合的东西，会带给人们美的满足。这种信任就是我们之间的普遍性真理。基于这个原理的普遍一致性，每个人都会同样地将某个对象作为美的东西进行观照，或者同样地将某个对象作为美的东西进行艺术创作。

绘画的意志，即艺术意志的一方面，对于所有人来说是有着普遍必然性的。作为这个意志的真实表现而绘制成的画作，即一幅优秀作品被万人之众视为优秀作品，就是根源性的预想。因为是在这个共同的标准上成立的，人们的趣味才是共通的，这样我们就可以实现对亨利·霍姆这个思想的解释。

康德的《判断力批判》受到了埃德蒙·伯克①的论文《论崇高与美丽》（1756）的不可忽视的影响。亨利·霍姆可能读过这篇论文，所以他的书中有一章写的是"关于趣味"。

我所称为趣味的，是人们受到想象力的启发、高雅艺术的感染，或者对其进行判断的内心的能力。人们了解外界事物的自然的能力，不外乎感觉、想象和判断这三种。就像人们的感官基本相同一样，人们感知事物的方法也几乎相同，或者仅有细微差别而已。一个人能清楚看见的东西，其他人也能清楚看见；一个人觉得是甜的，其他人也会觉得是甜的。我们会对此感到一种满足。我们的肢体动作会带给所有的人同样的镜像，也几乎是毫无疑问的，因此通过简单的固定的力量作用，带给

---

① 埃德蒙·伯克（Edmund Burke，1729—1797），18世纪英国著名的政治家和保守主义政治理论家。被公认为是保守主义的鼻祖，被誉为保守主义先驱。——译者注

人愉快或者不愉快的情感的一件事物，会完全同样地带给所有的人愉快或者不愉快，这是必然被承认的。如果否定这一点，认为出于相同原因的相同作用会产生不同的结果，则是极为不合理的。就比如，光亮比黑暗更令人愉悦，没人会认为灰雁比天鹅漂亮……无论你的身份高贵还是低贱，无论你博学还是无知，感官能带给每个人的快感都是一样的。

　　然而，除了感官会带给人是否愉快的表象以外，人的内心还有一种自身创造力。感官所接收的镜像以一种新的方式、不同的顺序结合并再现，这便是想象。想象除了是从自然事物的性质中产生的愉悦与不快，还是从模仿的原型的相似之处中产生的感受。想象就是从这两点理由中产生的感受。这是因为对所有人都起了一样的作用。为什么这样说呢？这并不是因为特殊习惯或者权宜之策，而是因为所有人都是在自然原理下发挥作用。

　　大体而言，趣味并不是单一的表象，是由两种因素构成的，分别是感官上的第一次知觉快感和由想象推理等形成的第二次快感。说起趣味的性质和种类，趣味的原理对每个人都是一样的，即使作用方式有所不同。但这个原理发挥作用的程度因人而异，主要有两个原因，一个是对趣味原理构成的感受度不同，另一个是对事物的注意力的多少和时间不同，换言之，判断不同。前者的缺失会导致趣味的匮乏，后者的缺失会导致趣味陷入误区或者趣味扭曲。这些缺陷是因为对自然不够了解以及缺乏适当训练。还有无知、粗心、偏见、迷茫、轻率、执拗等，也会导致判断失误，或者怀有偏见（亨利·霍姆，《批判的要素 序言：关于趣味》）。

　　根据埃德蒙·伯克的观点，趣味（对艺术作品和其他有关美的事物进行审美判断）的原理，是在所有人的知觉和想象中预想出来的共通性原理。它不是因一部分人的习惯、利益，或者一些特殊的事情所引起的，而是所有人自然地或者预想出来的先验性的原理，对所有人发挥几乎同样的作用。尽管如此，基于他们对待事物的感受性不同，素质和训练也不同，从而使判断力产生差异，所以每个人的趣味还是存在各种各样的差异的。

我们确认了这样一个事实：在美学史中，那些卓越的人认为，鉴赏美的事物的能力是主观的，但同时也是普遍有效的。我们对此完全赞同，并由此发现了鉴赏美的三个重要契机：构想力、洞察性，以及与其有着同样作用的普遍有效性。构成美之心的各种契机统一起来的作用是普遍有效的，换句话说，这是客观的，是去发现具有普遍稳妥性的美的事物。美的事物成立而且存在，在这个意义上，艺术作品的美是普遍必然的存在。艺术作品的美能够很普遍地被发现、被理解，艺术作品的构造也是普遍规定的事实。这就是艺术存在的根本性规定，艺术"不被理解"的这种想法，是无视美的根源性构造所导致的。艺术家希望他们的作品能够得到普遍的理解，即非艺术家也能够去理解艺术，这并非无用功。实际上艺术根源的构造取决于艺术的意志。这也是艺术意志本身的要求。因此，康拉德·费德勒的主张是一种谬论。

❀ 三、美的相异性

谈论至此，我仿佛突然听到了从后面传来挽留我的声音。艺术的意志，是如你所言的那样吗？艺术的意志不是艺术的产出，因此不能产出艺术作品。单从理解作品的这件事上就和其他的事情一样没有例外。这是以艺术的意志做不到的事，我必须这样回答。在这方面，我必须再次想到，鲍姆加登的构造力不可避免地预想到明察性。就如同接下来的那样，刚刚讲述的是需要注意的事实。艺术家并不单单局限于创作，也并不只是徒劳地拿着画笔机械地动手而已，他观察并检讨着他进行创作的所有瞬间，通过不停地观察来确认他的画能否顺利达到他的目的。世界上不存在缺少关照的创作，而艺术的意志从根本上指向着创作的必然预想，不存在所见的事物不带有艺术的指向。

我们不如直接进行创作，也可以说是观察。创作是为完成指定主题作品而产生的行动，是在完成作品的过程中不断积累的经验，是新创作出的作品的表象的意识。表象意识成立的作品的表象要与"非表象"的内容加以区别，在画家意识的原野上振奋起来，作品的意识成立的同时，"意识到这件事"的人也就出现了。作品能够"被观察"就需要有"观察他们的人"的出现。因此为了让这件事成立，这两个缺一不可。就如同一个事物的两面，不可分割。只是其中包含了"两个方面"，这两个方面是相互对立的。在这个条件下，这不是"完全一样"。绝不可能将这两个东西融合。一个事物不能吞并并且否定另外一个事物；这两个方面以永远不同且相互对立相互预想的状态一直存续下去。

视觉的对象有很多种类。例如，一座山、一片原野、一朵花、一只鸟，还有人，都是视觉的对象。作为完全不同的对象，他们会有其特殊的颜色和形状。因此，发现这一点的我们的眼睛的经验也是不同的，每一种情况都是不同的。这些不同是在设想两者是基于相互关联又相互区别的基础上概括出来的，是主观性的"看法"，或者说是"风格"和客观性的"对象"，又或者是"自然"。

对象也好，风格也好，都是视觉的表现。在一种看法或者风格背后，处在更高层次的就是对象了。对象是指视觉作为"一个事物"所表现出来的结果，有无限多的见解或风格。对于同一座山，几位不同的画家，即使在同时间同一个位置去画，也会呈现出不同的风格，不会出现相同的画作。但与此同时，无论如何描绘的作品都是"那座山"。这些风景画的都是"那座山"，因此具有同一性，这句话是成立的。

可是，这时候大家注意到出现了一个横在眼前不容逃避的问题——此时我们眼前呈现的是风格迥异的风景。所有的画家都画了"那座山"。当然这些不同的"看法"不仅仅反映出眼睛和手的活动具有天生的不同，还必须结合创作态度的差异来考虑。有的人只是尽可能去尝试忠实的速写；有的人却正好相反，他想要将这座山的精气神以最清晰的方式展现出来；还有的人集中于这座山的色调之美。这些态度的不同到最后画"这座山"的时候都汇聚成了一点，那就是画这座山不同的一面。到那时无论看了这些画的哪一幅，其实都是在看"那座山"。

在画一座山时，不同的画家会受到先天的、固有的见解的影响，即创作风格不同，会画出完全不同的"那座山"。因此，同样的理由，这些画在不同的人看来也是完全不同的。我们在平日里看到的很平常的事实，绝非因为偶然才出现，而是基于更深层的理由成立的。

将一个对象视为不同的事物，观察并将这个不同事物画下来，画面上只能看到线条和颜色，除此之外，看不到别的不同。为了避免杂乱无章，这里只试着分析轮廓线，画不同的事物有着不同的区别。画一个事物的下笔线条方向和速度、线条的粗细，以及按压纸张的力度等都不同。在这些区别中，无论是哪一处不同，人们观察到的就是一个不同的事物。不是只有外形的不同，还能发现其中包含了不同的精神。在种种契机之下，作为左右整体的理由，发现了各种不同的事物。

受这一根本性的理由限制，达·芬奇绝不可能像米开朗琪罗那样画画。米开朗琪罗注意到了意大利的绘画和佛兰德斯画派绘画的区别。在这之后，有一种看法传播开来——只有意大利的画作才能称作真正的绘画（霍洛伊德，《米开朗琪罗》）。即使是伟大的画家雪舟，也不能做到如志存高远的周文一般作画。在带有所有显著特征的他们的视觉中，即在画家的眼中，在手眼一致的活动下，我们的确发现了不同。一个人物的形象、一根松树枝的形状，在他人的画作中存在，我却没有画出。也就是说，画出来的事物是我没看到的东西。

基于不同的看法或不同的风格所创作出来的作品，全部都是"被画出来的事物"，作为"在画中存在的事物"被人认识。在这种情况下，画出来的事物与外界出现的自然事物是相同的。试着以这样的立场来考虑，在画下这幅画的地点，将这些作品或者其他画家的作品与现实中的自然世界对照来欣赏，所有的画家及多数伟大的艺术家都仿佛要异口同声地警告他人一般，说他们只是在模仿他们身边的自然。事实未必就如他们说的那样。我们可以说，一位画家以他固有的风格来观察自然，他就能创作出特殊的、属于他自己的东西吗？而且不仅如此，他们经常意识到这些，并在这些观察对象的形状、颜色，以及对象的构成要素中都不能做出很明显的变动么？就像前文所说的那样。但是，这个时候他们就"改变了自然"。他们画下了"与自然事物不同的东西",但又并不是完全不同的东西,而是以自然的原有事物为基础所产生的不同。

艺术作品将自然"写"了下来。无论是多么优秀的艺术作品,仍旧是"与自然不同""非自然"。非自然这种理念在各种各样的意义上都能加以描述。绘画把自然的时间空间化,作为众多意义其中之一的视觉构造,也是非自然一面。自然的事物就是不同的物质都有自身的颜色和形状,将这些不同描绘出来也是非自然的一面。

我们说到自然。但这里说的自然实际上是带有个人见解所看到的自然。在某种意义上,这同样是一幅作品。与其这样说,不如说是我们的眼睛创作出来的一幅作品。比起其他画家的作品,我们所理解的东西更直观、更真实,是"最初的作品"。画家像这样画下自然的作品也就是画下我们自身的作品。在外界,我们作为非外界的事物,看到了自身的存在,也正是在这里,我们将自身托付给了世界,观察到的自然,比任何画家画出的优秀风景画更能呼唤深层的自我、更能亲近自我,能看到我们自身最确定的实在性,这是因为自然是我们自身的创作。我们看到的自然是"视觉上的我们"所展现的最直观的表现,是自己视觉上的样子。即便是自然的声音,也与进一步的所有意义上的自然相同。

当面对同样的风景,画家所画出来的作品,与站在他身后的人看到的自然风光,会有着很大的不同。尽管如此,在画家固有的认识看来,他们的创作和我们看到的原本就是"同一个自然",是我们所看到的"那个风景"的另一种形态。通过欣赏画家的作品,我们才知道,自然在他人眼里是与我们所见"不同的事物"。而且,我们对画作的欣赏实际上是一个不断确认的过程。即在不断确认我们在画中所看到的线条与色彩，还有它们的统一，与我们亲眼见到的自然风光是不是同一的。基于这样的色彩和线条，我们知道了"一种自然"的存在。不管有着怎样的疑问，既然被认为是那个自然，那就是同一个自然。画家所画出来的线条和色彩，当然就是那个自然拥有的线条和色彩。这是我们的一个新发现。并且是我们通过自己亲眼见证的、确定的视觉事实，是毋庸置疑的。如果有人企图以画作与我们看到的不尽相同为由，想要去否定作品的存在价值（就像部分人以"艺术批评"的名义那样），我希望诸位能够顺理成章地否定这种"批评"。然而，我们还是要回到"看起来很自然"的意思并不是"被判断为自然"这一点上来。绘画不是设计说明图纸。艺术作品看起来很自然、拥有自然感觉，这是在我们的眼睛中自然呈现的。被描绘出来的自然之所以能够被我们视为一种自然，是因为描绘这种自然的线条、颜色及它们的统一，与某种精神或者生命力即某种美感融合成了一体。在艺术世界里，如果缺乏这个意义，就不能称之为自然。当然，我们的眼睛任何部分都无法看到缺少的那些东西。究其原因，是我们的预想就意味着对无法视觉化的线条和色彩，即对不可能事情的思考。

画出来的自然就是真实的自然，这是因为描绘自然所用的线条和色彩相统一，以及画中所带有的精神和生命力也是一种美的事物。缺少了这些，在艺术的世界里就不能被称为自然了。当然，我们的眼睛无论怎样，都不能完全看到缺少部分美的事物。这是因为，预想自然就意味着要考虑完全不可视的线条和颜色，即不可能存在的事。

一种新的风格通常就是一种新的发现。米开朗琪罗认为雕刻家想象中的形象一开始就隐藏在石块当中，他只是用凿子将这一现象发掘出来而已（汉斯·麦科夫斯基，《米开朗琪罗》）。这一看法传递出将对风格的思考转移到对自然与艺术家发现的形象之间的关联上来。这不是别的什么东西，就是艺术意志的表现。我们的眼睛不被意志所限制，反而处在意志的前端，常常能发现新的自然。艺术的世界也就变得更广阔、更深邃了。

可是作为一部"他人的作品"，"我们"却能发现艺术的意志。在这个条件下，"他人的作品"就也相当于"我们的作品"。我们看到的"自然"在一种新的形态下是另一种自然。区分创作风格的相异性，是重新看待艺术的意志，同时将其作为"不同的东西"来发现自我。所谓相异，是指相对于其他事物的相异。对于他人的作品，"不能成为艺术的意志"是自己看到的外界的自然吗？还是说，是更进一步地看到了自己的作品？必须弄清楚到底是哪一种。

我通过进一步的考察，在很长一段时间都有这样的一个疑问。如我刚才说过的那样，一位画家的风格是这个人特有的见解。除了他之外的所有画家都不能像他一样地去看待事物。如果是这样，那么就必须问问自己——除了画家之外的其他人是怎么能看到这个事物的呢？之所以不能如他一般看到一样的事物，是不是因为我们看不到他眼中观察到的事物？但是就像我刚才说的，我们知道一种风格其实就是发现自然中的一种新事物的姿态，是视觉根源的一种外在表现。这里就出现一个问题脉络。虽然画家看到的自然与我们看到的自然有所不同，但同样都是自然在视觉上的表现。在根源上，或者说在普遍的必然的视觉表现里，存在"不能看见的东西"吗？视觉的产出是一种区别于一切其他事物的特殊的个体，所以一开始就能够将它视为其本身。正因为它是一种不同的东西，所以在一开始就把它当作普遍的必然的存在。如果视觉的产出是一种因为看法不同导致有些可以被观察到、有些不能被观察到，那么以各种特殊的方式观察到的事物就不能被人注意到了。视觉的世界恐怕就成立不了了。这就是我们应该思考的问题。

　　一般来说，视觉的表象性的根源构造，既包含同一性，也包含差异性。对象是这样，风格也是这样。我们无法和其他人一起看到一种事物。也是这个原因，即使是优秀的艺术家，也不能如作品创作者一般理解这部作品。无论是画出来的山还是在现实里看见的山，在某个瞬间就会变成和我们看到的不同的样子，我们必须预想到这一先验条件的制约。这就是对象的一种意志。因此，这个不同是不断产生的。美的批判和艺术的批判实际上就是在根本上"发现差异性"的预想上成立的。

第二章　美的批判

❀ 一、布吕纳介①的批判论

艺术批评到底是什么呢？关于这个问题，已经有了很多种
说法。在这些答案中，布吕纳介的批判论尤其值得注意（布
吕纳介，《法国文学史批评研究·第九系列》）。他详细地论
证了文艺美术批评的目的、方法及功能。接下来，我将稍微详
细地对他的部分观点进行介绍。这里我将直接引用他的论述，
不会加入我个人看法。与此后我将引用的各个学说一样，为了
让大家能够更好地思考关于艺术批评应该考虑的一些问题，我
只摘录出能够作为线索的一些内容，即仅介绍相关要点。

首先是批评的目的及方法。纵观批评的历史，我们知道批
评的目的是实际存在的。换言之，客观的批评是存在的。严格
来说，我们在艺术作品中观察到的事物并非事实，不过是我们

---

① 布吕纳介（Ferdinand Brunetière，1849—1906），法国文学评论家、文学史
家。拥护和发展泰纳的实证主义文学批评原则，并用达尔文的生物进化论解释一
切文学流派的发展；强调作家才能中的个性化特征。对近代西方文艺评论有一定
影响。代表作品有《法国戏剧的诸时期》《十九世纪法国抒情诗的进化》《批评研
究》《文学体裁的演进》等。——译者注

自身的赋予而已。有人喜欢拉辛①的作品，也有人不喜欢拉辛的作品。喜欢的人就能在拉辛的各个作品中有很多发现，有时甚至能关注到拉辛本人也没有意识到的内涵。但这也是真实存在于作品中的。我们为了理解不同的理念和情感，会要求作品具有精神影响力，这是文艺的根本预想。

对一部作品的批评，有时会产生矛盾。但这些矛盾不一定很多，并且常常不是真正的矛盾。如果矛盾很多，又越来越严重，那么我们就必须探讨一下他们是否称得上是真正的批评家。批评时产生的矛盾不应该成为否定客观批判存在的理由。

批评的目的是指对艺术作品进行判断、分类和说明。只有这三个方法三位一体，批评才得以成立。

其次是说明。以前如果提到说明一部文艺作品，几乎只会停留在对文艺作品的记述、分析或者注释等方面。时至今日，说明也不是无用的。不过，为了能真实地对作品进行说明，就必须明确这部作品与其环境作品种类规则、文艺通史等之间的关联。连同作者的故乡、家庭、身份、门第、气质、教育、时代等方面面都要知道。如同艺术通常反映的是社会，作品风格反映的是作者本身一样，作品也是如此，是过去的记号或者说是影像。

一部作品绝不是仅靠作者一个人就能够完成的，与其同时代的人也会是这部作品没有署名的合著者。作者与时代同思考，时代与作者共书写。要想真正理解作品、对其进行准确说明，就必须研究作品本身与时代精神的关系。不能只研究这部

---

① 让·巴蒂斯特·拉辛（Jean Baptiste Racine，1639—1699），法国剧作家，与高乃依和莫里哀合称17世纪最伟大的三位法国剧作家。代表作品有《昂朵马格》《讼棍》《勃里塔尼库斯库》《费德尔》等。——译者注

作品的作者或时代，而是必须明确该作品之前的作品及之后的作品之间的历史性关联，这样才能对这部作品进行充分的说明。

再次是批评的分类。完成说明之后，要对作品进行类别划分。比较作品的相似与不同，必须在同一类别中分出上下等级，形成完备的分类体系。

分类的原理有三种。

一是科学原理。打个比方，倘若诗歌是一种比绘画能够更加深刻而准确地表现事物的艺术，那么在艺术的等级分类上，诗歌相比绘画便处于更加靠前的位置。

二是道德原理。艺术是人类为了人类所进行的创作。因此必须考虑艺术的社会使命及艺术与道德的联系。其研究结果要进一步根据科学原理找出艺术作品之间的等级差别。

三是美学原理。文艺作品的价值是通过作品表现出来的"绝对的量"来衡量的。在法国戏剧史及戏剧作品的评级中，莫里哀①、拉辛、高乃依②的各部作品之所以能够获得高度评价，是因为他们的作品独具特色，同时又兼具普遍性，表达出了形形色色的内容；其作品形式与内容、方法与目的、作品风格的自然与热情，或者动作的特点与主题的自然性，都非常契合。而且，这些作品充分地表达了绝对性的事物，并且在这类作品的历史上充分体现了作品的本质。

然后是判断的义务。批评即判断。曾经，批评不过是批评家情绪化的产物，或者是其对自己情趣高雅之自信的一种表

---

① 莫里哀（Molière，1622—1673），法国剧作家、戏剧活动家。法国芭蕾舞喜剧的创始人。代表作品有《无病呻吟》《伪君子》《吝啬鬼》等。——译者注
② 皮埃尔·高乃依（Pierre Corneille，1606—1684），17世纪上半叶法国古典主义悲剧的代表作家，被称为法国古典主义戏剧的奠基人。代表作品有《梅利特》《梅德》《熙德》《贺拉斯》《西拿》《波里厄特》等。——译者注

达。如今，批评超越了批评家的私人性质的行为，成为范围更广、程度更深的真实表达。离开判断，批评的意义将不复存在，不仅是批评的目的，甚至艺术的目的也将丧失。

艺术作品是人类精神历史的一种记录或记号。它或多或少地带有艺术性的表现，具有丰富的感觉，表达内心的一种状态或者某种文明。我们往往可以从这些艺术作品中看出艺术家的思想和手法、意图和表达之间的天性。相对于其他任何符号，艺术作品具有原本就存在的特性。

我们在批评时做出的判断，或许也会夹杂着我们狭隘的兴趣点和错误的成见，所以要时常避免陷入个人谬误。批评的课题价值在于，对过去进行正确的把握和享受。

最后是批评的功能。批评的功能在于艺术家自身和舆论方向的影响力，要对艺术的表现有充分的自觉，并能够指出满足其现实要求的方法。

人们有时会说批评无用。但是我们知道，批评对艺术家的影响是毋庸置疑的。批评可以帮助艺术家更好地了解自己，将他们的才能引导至正确的方向。即便批评遭到艺术家的反对，得不到他们的信赖，但还是可以保证艺术家有一定的受众。批评会引导舆论方向，能够消除盲目崇拜。只有真正的艺术才能不与赝品混合。这也是只有批评才具备的、应该具备的识别功能。

艺术潜在的成果，应该借由批评得以彰显。将艺术作品置于那些不该受到追捧的赝品之上，进行赞颂和表扬，这也是批评应该实现的。

也许会有人说，我们将批评与文艺史混为一谈，没有将其与美学进行清楚的区分。然而，没有运用美学的批评是不能称为批评的。另外，作为基础、同时也是结果，不去预想文艺史的美学不过是空中楼阁。就比如，戏剧法则和戏剧史并非毫无关系。做出批评判断时，一定是相关法则的运用或者结果。实际上，批评和美学及文艺史，无论是从理论上还是实践上来说都是一体的。从它们的统一才可以看出它们本身的对象或者真正的存在。艺术的批评，就是对作品进行判断、分类，并进行说明。这几项缺一不可，否则就会让真正的批评大打折扣，或是变得不自然。

也就是说，根据布吕纳介的观点，艺术批评不是基于批评家的情感或者源于自己情趣高雅之自信的一种主观表达，而是一种客观的对艺术事实的阐释，是以艺术作品的客观事实为依据做出的判断、分类和说明。首先，参照科学性、道德性、美学性这三方面的原理，对以下事项进行判断：一部艺术作品的存在形式如何反映其内容，作品的产出方法、作品风格如何表现其所属种类的本质，如何表达理应决定作品价值的绝对的东西等，那些作品又如何能够与其他作品进行比较，有什么优势和缺陷，以及与其他艺术种类相比如何定位，又会形成什么样的艺术秩序？其次，根据与学问、道德的关系将其分类：是由哪些艺术家在什么样的环境下产出的？与那些艺术家同时期的人、那个时代的精神及过去的那个时代，对艺术产出有什么样的影响？与整个艺术史有什么样的关系？是否能够肩负起未来？作为依靠人类、为了人类所创建的精神的历史记录，具有怎样的人类真实本性？最后，所有这些问题都要进行说明。

即使偶尔在某些批评家间存在一些矛盾观点，也仅仅是提醒我们警惕个别谬误，还不至于威胁到客观批评。即使会有一部分人认为艺术批评无用或者持敌视态度，也不能说明批评就真的无用。然而，这些确实会影响到艺术舆论、艺术家本身，甚至艺术的正常发展方向（包括对艺术的形成有充分认识，指明与之适用的方法，使艺术家对自身才能有所认识，并将其朝正确的方向引领，能够使艺术家面对时代舆论、展现自身真实的才能，并表彰他们潜在的功绩，使那些被盲目崇拜的虚假艺术失宠于大众）。以上也都是布吕纳介的观点。

然而，也会有人对此持有疑虑——是否果真能够"了解"那些作用呢？所谓艺术是依靠人类又为了人类所创造的，这是布吕纳介的观点。但是，艺术品的"为了人类"的创作初衷，是基于普遍的观照得以实现的。费德勒认为艺术是对世界的认知。鲍姆加登则表示艺术是对美的认识。很显然，这些都是表示直观的认识，即观照。布吕纳介的批评论并非如此，而是指与他们的观点完全区分开来的理性认识。将艺术品作为认识对象来考察，这是无视艺术含义的徒劳。

费德勒对此也持否定观点。无论是问费德勒还是问布吕纳介，得到的结果都围绕着同样的两个问题。其一，为了正确认识艺术的批评该是什么样的；其二，批评是否对艺术家有指导作用。批评能够在这两个被特别关注的课题前成立吗？若是成立，它又有着何种根源、以何种形式而存在的呢？

❀ 二、批判的根源性

一部艺术作品，因为是根源性的视觉体现，所以就会从根源上要求做到普遍观照。所谓观照，就是要从作品的线条与色彩的统一中，观察到作品蕴含的精神和生命力。并且，我们的所见就像接下来的尝试一样会有着各种不同的区别。我们感知到的表象和作品想要展现的东西，这两者之间存在巨大的差别。为了阐明这一点，我们可以举一个最简单的例子：三个画好的水果。我们会极为容易地明白"这是三个水果"。这些水果可能是我们之前司空见惯的，或者有的是初次见到因而叫不出名字的。我们怀着对作品中蕴藏的精神和紧张的生命力的敬仰，观察一个个水果的形状、颜色和大小，能够清晰地感知它们的色泽与外形。然而，将"三个水果"当作一幅整体的画来看，与单纯看一个个水果是截然不同的事实。当我们看"三个"水果的时候，我们会注意这些水果在颜色、形状和大小之间的关联。例如，其中一个带有显示成熟的黄色或是橙色，也可能是绿色，或者有些许青色的影子。这就看出了颜色的对比与连续。三个形状各异的水果，被置于同一张桌子或是同一面墙壁前，互为背景相向而立，却又有着各自的位置。这时，我们对作品的关注就会集中于它们位置之间的关联性：间隔着或是紧挨着，又或是前后重叠着……我们会将它们之间的种种关系视作观察"三个水果"这部作品的部分事实。关系本身不会像一个东西的颜色、形状那样被画出来。那些作为我们能够感知到的东西，是被画出来的光与线，在各自形态上的空间延长，并且靠着一种连续，形成了一个空间，即一个视觉对象。仅仅一个物体的话，谈不上"关系"。提到"关系"，一定会预想到相关的多个物体，或者是被区分的"不同物体"。如前所述，"不同事物"有着不同轮廓和无限背景。只有在一个无限的大空间里，才开始发现其中的关系。关系不会作为一个物体被描绘成颜色与线条，也是这个意思。例如，被画出来的三个物体，一大两小。这里的大与小都是基于与其他物体进行对比成立的。相同的水果，外形一致，我们也会分出大小。大的东西往往更吸引我们的目光，或者具有吸引我们关注它的力量，并且占据我们视野的"第一位置"。换句话说，被我们视为三个事物中的"主要事物"。小的东西，则被视作处于"接下来的视野"中的"其他位置"，即主要事物的"从属位置"、关注的边缘、"较少得到关注的事物"。这就是以一个大的东西为中心而形成的一个统一体。相对于一个大的水果而言，一个被置于较近的位置，一个被置于较远的位置。观察两个事物间的距离，就是通过将两者进行区别，观察两者之间的"联系"。

艺术作品表现的是一种精神或者生命力，也是构成艺术存在最大的意义。这一事实也遵循着同样的道理，因而不那么容易被理解。

康拉德·费德勒认为，感情细腻、感受力敏锐非但不能证明其具有艺术的天赋，有时反而会妨碍艺术直觉的提升。

显然他也承认，不能将感觉与直观剥离开来思考。脱离直观的感觉，反之亦如此，都不过是一个单纯的抽象概念而已。对于一个真实的具体事实，感觉或者直观，如果脱离了囊括知觉、联想和想象等在内的表象，这些表象中的任何一个就只能是缺乏经验的感觉要素。

"欣赏"一部艺术作品，即对其怀有一种视觉直观，其实就是各种感觉的内在统一的视觉表象的产生过程。其中，线条与色彩，或者轮廓与表面的视觉表象，以及与之密切相关的内部触觉以外的感觉内容，则更加能让人意识到这些表象后面必然存在的感情的、牢固的内部统一感。一部作品无论受到好评与否，都能发现这样的意识或者是形态的统一。

先从直观来区分感觉和感情，再从艺术经验来否定，就是对从视觉统一来观察事物的一种否定。即否定艺术品的视觉存在。轻视作为直观的具体的要素的感觉，就不能很好地观赏艺术品。因为这已经不能称为艺术了。

从三个水果之间看到的视觉上的联系、精神和生命力，不仅仅是肉眼可见的光泽和外形，更是因为它被当作一幅画被展示出来。但是，这正是因为其自身所带的光泽和外形不可描绘。从这种意义上来说，这是不能具象化的事物。超越对事物单纯的视觉感知，才开始发觉其中蕴藏的关联性。这是因为，如果我们只着眼于其外显的特质，我们就不能感知其内里的联系，所以必须超越直观感觉。恽南田曾言："作画至于无笔墨痕者化矣，而观者往往勿能知也。"《南田画跋》也写道：天外之天，水中之水，笔中之笔，墨外之墨，非高人逸品不能得之，不能知之。这就是更上一层楼的例证了。然而这对于所有的品鉴者来说并非同等容易。我们对美的批判持有不同的观点，根本原因是我们的眼睛本身承载着不同的期待，这是不争的事实。

"自然"是统合各种内部元素，作为一个整体被定义的。构成这个整体的各个部分、各个阶段中的部分和整体的关联相重合，以此形成的最后的整体即"对象"，这是在一种限定的艺术风格中才能成立的。从个人的创作风格看不出来，它是不能具象的。从美术家的视角看，一部作品是作为一个"对象"的表象而存在的。没有其他起源，因为它是根源性的视觉产物，所以对任何人来说都必须从特殊的视觉构造中才能掌握。换言之，人们从一种作品得到的东西，必须领略到一个事物视觉性的本质。

纸上画着的柿子，谁都可以看到它的轮廓、色彩和特有的光泽所展现出来的精致的外表。正是具有的各种属性，才是让柿子与其他水果区别开来的一个视觉构造。在看到柿子的画像之前，我们都不免见过各种柿子，对它有一个既定的印象。当然也有人是见了画像才开始想象柿子的形象的。然而我们知道画的是柿子，画是不是能够把我们已知的东西真实地反映出来，这一点我们是会做出判断的。很明显这就是一种我们把柿子作为对象的认知活动。但是一个初次见到柿子画像的人，除了看到画上的是柿子之外，不能产生这样的认知活动，他不会知道这东西叫作"柿子"，当然也不能判断这与真实的柿子是否相似。之所以能这样说，是以他们不具备相关背景知识为依据的。这样的背景知识对于我们而言总是有某种意义的。不仅仅是判定书画作品，而且也是一种理所当然的视觉性的东西。柿子的形状、色彩、光泽所呈现的表象和内在必然是相连的。过去所获知的东西是因为以前见过实物，也就是一种既有的经验，作为记忆被留存下来。然而记忆，正如前人所论述的：与其说是简单地将过往获知的表象原封不动地保存在脑海里，不如说是因为某种契机，触发原来经历过的表象的重现，是无意识地保存下来的。因而，必须传达出一种意志：将柿子作为一种表象再现。诚然，作为记忆留存的经历的再现——追忆，其中伴随着一种从一开始就具有区别的特征。伴随着过去经历过的特殊的意识、普遍存在的明确的时间和特定的地点，即使没有清晰的记忆，也有似曾相识的感觉，自然不可能全部忘记。一般来说，如果在现实中看过画上的东西或是同类事物，回想起来的时候也许会有似曾相识、似是而非的感觉。当我们对"这个作品是否是真实的客观写照"产生疑问的时候，我们就已经在品鉴作品了。但也不是说因为有了这样的记忆，作品才能得到赞赏、批判。作品获得赞赏，不仅仅是凭借过往的经验，而是因为作品描绘出了其作为对象应该被画出来的东西。记忆的统合不是肯定作品的原因，而是结果。例如，某人说一部作品的风景描绘得好，不是因为这种风景和他见过的实景完美重合，而是这种描绘在艺术构造上来说是出色的。

尽管我说有过这些经历的人才能够正确理解艺术，但是也仅限于那些不会将作品与知识对象混同的人。记忆是过去的见闻，比如柿子的视觉构造的表象，无论是不是第一次见到的人，得到的信息其实是统一的。他也会把今天的见闻作为记忆保存下来，就像曾经保有的记忆被重现。这个对象的再现即视觉的呈现，不是依靠记忆，而是因为视觉的呈现，记忆得以留存。

当然，初见柿子和见过各种各样柿子的情况，无法一概而论。有的柿子略扁平而偏黄，有的较长而偏深红，有的被置于物品中间，还有更多各式各样的柿子……我们不可能只看到一种。这些柿子尽管各不相同，我们依然都把它当作柿子来看，这是因为它们都具有共同之处——拥有一种可以被命名为"柿子"的视觉构造。这些柿子在颜色和形状方面的差异也只属于柿子所附带的视觉构造领域内，其差异性不大。换言之，柿子的一个特定视觉是来自其根源性的意志的一种表象。作为艺术的种种风格而表现出来的视觉的意志不失为一种自然的表现。如前所述，柿子的本质就是指这样的视觉意志。或是从过去常见的柿子的各种表象中提取出它们共同的某种颜色和形状，而不是错误地认为，将其形成一个固定的表象，也不是指康德用"美男子"的"体格"为例来阐释的"标准的观念"（康德，《判断力批判》）。

观察不局限于一个柿子，根据各种各样的颜色和形状对"柿子的种类"进行区分，是基于来自柿子视觉的根源性意志的创造性得以实现的。这是大自然的一个对象，带着无限多样的风格，作为一个特异的对象被创造的事实及根本的原因。我们从这个事实中，可以预知到视觉存在的根源和规定存在背后的意志。一个事物被认知，其实是存在着深刻的原因的。存在的事实是从根源性能被认知的。然而这里提到的"发现"，不是从个人意志的经验来界定的。抛开这个不谈，此前就是从根源性来预想一个事实的。事实存在必然有其合理的原因。且必须是从根源性上被肯定的。被肯定了的存在的东西，必然是从根源上存在的。从这个意义上来说，"被发现"即"应该被发现"的事实，从根源上必须是以我们个人的意志来发现的。这个存在众所周知。

换言之，我们观察一部艺术作品所表现出来的东西，从根本上说，是在预想这部作品背后的反省。然而，背后指的是什么呢？大家难免会说："上文不是已经回答了吗，就是比被画出来的对象更高层次的东西。"我们会关注到这个对象背后的某种东西。但我曾说过，在我们特有的视角下，无法看到那些未被发现的对象本身。任何一位画家，他所视为自然的对象的东西，也都是基于他的视角的所见。在其特有的视角即创作风格下被描绘的某一作品，与基于他的创作风格被创作的其他作品，或者我看到外部世界的自然之间，尽管会有明晰的相异，但当被发现有着某个共同之处时，我们才在那些不同的视角中意识到"一个对象"的存在。"不能发现的东西"也不能直接以视觉对象的形式而存在。尽管如此，它还是会出现在我们的外部视野中，或是以画家特有风格创作而呈现。在被描述的对象出现之前，即在该对象的名义下，只有一个视觉构造的根源性创作意图。视觉的意志不能是空中楼阁，必须是从我们读者或是美术家的眼睛里表现出来。创作背后的反思，其实是反思从根源上创造这部作品的人的眼光及其视觉性格。

人们在审视一部艺术作品时，从根本上是可以预想到对于作品背后及艺术家的意志的反思的。然而一部完整的作品也是由各个阶段的组成部分构成的。就像花朵由花瓣组成，枝条是花和叶的组合，无数枝干构成一棵树。树和石头、原野和河流、山峦和天空，预想无数的对象统一的背后，就会形成一个整体。艺术家的意志就是形成这种关联的东西。哪怕是一条线、一个点，也都承载着意志。如果我们不能看到这些部分，也就不能说是领略到了作品本身的魅力和创作者的意志。

对于一部艺术作品，我们不一定会预想这背后的反思，但是基于现实的经验，必然会从知识性层面来加以思考，或者说是必须这样思考。一般经验来说，我们只是走马观花地看看，继而不假思索地走过。我要强调的是，美的观照和知识性层面的反思之间存在着客观的必然的联系。我们不一定把它当作知识的对象来反思，然而我们日常生活中会被某种理由遮蔽，最后毫无进展；反之，我们在观照一部作品时，并且试图反思其幕后的东西，绝不是我们恣意产生的偶然的事实，而是观照的根本性要求。看见就是一个物品的呈现，附带对其颜色和形状等进行区分。区别也就是差异性。从根源上来说，差异形成的背后是可以预想的。所谓"背后"，就是"值得反思的东西"。观照的根本就是预想知识的反思。美学、艺术史、艺术品的批判、所有的美学批判之所以能够成立，其原因就在于此。布吕纳介的主张"存在客观的批判"，曾经是被证实的、毋庸置疑的。这正是一个事物区别于他物而被发现的视觉事实，从根本上来说，也是可以预见的深层的事实。

艺术作品，存在于外部，是我们所见或者所领悟到的内容存在。可将其进一步区分为两类，一类是作家的创作，另一类是观赏者的创作。无论是哪一类，都是一种"创造"，一种物体。艺术不是仅依靠艺术家自己的行为就能产生的，基于偶然的机会，我得以揭示其根本原因是，艺术家必须基于某种必然的联系事先考虑"艺术素材"这一事实。正如我们无法想象脱离了艺术家的"艺术素材"，没有素材的艺术家也只是艺术的"一半"。当雕刻家用刀在木材上雕刻时，当画家用笔在画布上作画时，当小说家在稿纸上写作时，他们的视觉与语言才开始在现实意义上得以展现。他们在脑海中锤炼创意或者观察自然的时候，创造还没有展现出来。他们的眼睛必须和手，不，应该说是和全身的能动性配合，才能称作"美术家的眼睛"。美术家发挥了素材的作用才是真正的美术家。这样一来，艺术才能将其内核的精神表现出来。客观上来讲，这是"艺术作品"，从主观层面上来看，这就是"艺术经验"。艺术事实就是主观与客观的根本性结合。相反，不预设艺术作品的艺术经验只是抽象概念。

正如刚刚所介绍的那样，康德考察了对一件事物是美的判断，即趣味判断，并且指出，趣味判断无须关心概念缺失，以及具有主观合目的性意识，作为个别的判断还要求具备普遍合理性。可以说，趣味判断作为我们的想象力与悟性的自由协调结果来说是具有美的经验的。如此一来，美的成立就是基于我们意识活动本身的客观事实。我们也能明白美是这样成立的，而不是对象本身。

我们也可以通过移情说来验证这类学说。根据移情说的代表学者里普斯①的观点，美学对象的颜色、形状、声音等感官性质的东西和我们的感情、意志等，是由我们思维中的无法言明的根源结构联结的。我们"同时"可以发现，在这些知觉表象"之中"的这些感觉型的东西的运动、其他的存在方式以及"共事性"。换句话说，通过"移入感情"将对象精神化，或者可以说是赋予其生命，让这个对象作为美的化身而呈现出来（里普斯，《美学》第一部分）。

里普斯在《美学》开头做了如下论述。美学就是研究美好事物的学问。"美"就是可以唤起人们"美的感情"的对象。所谓美，就是能对我们产生一定作用的客体能力的名称。由于这种作用是发生在我们心里的，所以美也是一种心理上的事实。对此进行研究的美学，为了发挥这样的作用，必须列明研究对象所必需的条件。这就成了心理学问题。美学是心理学的学问。美学为了解释自然与艺术中存在的美的客体，要运用心理学的理解。美就是应用心理学（里普斯，《美学》第一部分）。

美是我们基于审美态度的一种主观事实。印证美学态度基本性质、阐释美的例子，除此之外还有很多。德苏瓦尔②将其命名为美学中的"主观主义"，认为是与"客观主义"相对立的。我们心中的美的经验不是一种空洞的意识，是将自然或者艺术作品作为美来观赏。这些对象本身就是美的原因。客观主

---

① 里普斯（Theodor Lipps，1851—1914），德国心理学家、美学家，德国"移情派"美学主要代表。慕尼黑大学教授，曾任该大学心理系主任20年。著有《心理活动的基本事实》《美学》《论移情作用、内模仿和器官感觉》《再论移情作用》等。——译者注

② 德苏瓦尔（Max Dessoir，1867—1947），亦译"马克斯·德索"，德国哲学家、美学家、心理学家。最早打破美学是美的哲学，艺术只作为美的表现加以研究的传统，主张将美学与一般艺术学区分开来。其美学思想对艺术科学的独立起了很大作用。主要著作有《美学与普通艺术学》《哲学导论》等。——译者注

义主张美学与其他的存在有所区别，必须以让我们能感受到的美的构造为研究对象。举个例子，我们可以将其按照哈特曼①的想法来理解。即必须从对象本身来理解，不能从艺术、观赏、创作等作用这一方面来理解。如今的美学界的大多数学者依然在从作用分析着手研究。但是所有的艺术性价值都取决于对象，而不是作用。享受不是美，艺术本身、作品本身才是美。

亚里士多德②主张艺术是对自然的模仿。诗、音乐、美术都是模仿的不同方法，对象、方法不同，成立的艺术也不同。不是模仿"某种"自然，而是模仿"应该是某种样子"的自然（布乞儿，《亚里士多德的诗学与艺术的理论》）。这个看法论述了艺术在成立过程中的客观构造。这是客观主义的一个古老先例。可以从根源上预想到的事物背后的超感性的内涵是通过感性的内容呈现出来的。其实，论述美学成立的理想主义也是客观主义美学的一种。

诸位对于到底何为艺术应该已经有所体会，那么我们再深入论证一下这两方面的思想。事实还是不够明确的。如果不考

---

① 尼古拉·哈特曼（Nicolai Hartmann，1882—1950），德国哲学家。前期研究柏拉图时遵循康德的观点，以后渐趋持否定态度。所作《本体论的新途径》（1942）则完全背离了康德的体系。他的观点是在马堡学派新康德主义及胡塞尔、舍勒尔的影响下发展起来的。他是现代资产阶级价值学说的代表，是现象学伦理学的奠基人之一。主要著作有《认识形而上学纲要》《伦理学》《自然哲学》。——译者注

② 亚里士多德（Aristotle，前384—前322），古希腊哲学家。作为一位百科全书式的科学家，他几乎对每个学科都做出了贡献。他的写作涉及伦理学、形而上学、心理学、经济学、神学、政治学、修辞学、自然科学、教育学、诗歌、风俗，以及雅典法律。亚里士多德的著作构建了西方哲学的第一个广泛系统，包含道德、美学、逻辑和科学、政治和玄学。代表作品有《形而上学》《物理学》《论灵魂》《尼各马可伦理学》《政治学》《诗学》等。——译者注

虑自然或者说艺术对象的特殊构造，能将其看成作为美来观赏的经验吗？忽略经验本身，能够了解对象本身吗？根本不可能。正因如此，将美学认为是应用心理学的里普斯，才必须考虑具有唤起美的感情能力的客体。

为了引发美的感情，必须将对象本身作为必不可少的条件来看成美学领域的一个重要课题（里普斯，《美学》第一部分）。里普斯的《美学》著作涉及两卷内容，一方面是心理学层面，另一方面则包含了对美的对象的构造本身的极丰富且最细致的考察。康德也没忘记考虑艺术的成立。他认为艺术是天才的产物，而天才是美学理念的体现（康德，《判断力批判》）。

大卫·休谟①认为美不是存在于事物本身的性质，只存在于观赏美的内心。不仅如此，他还认为客体反射出的情绪，体现了客体与内心的审美能力的一致。如果没有这种一致性，就产生不了美的情绪。例如，如果美与丑的确不是事物的性质，而是情绪的性质，就更要承认那个物体具有某种能激发特殊感情的性质（大卫·休谟，《论审美趣味的标准》）。

一部已完成的雕塑、绘画或者印好的小说，其中的艺术根本性，作为人们能看出的一种艺术存在，采取了各自的形式。艺术的客观性就这样得以形成。这种存在不可改变。之所以如此，是因为改变后的作品会被看作不同的作品，这样一来，一部艺术作品就要从根本上放弃普遍性。即使是创作了作品的美

---

① 大卫·休谟（David Hume，1711—1776），英国哲学家、历史学家、经济学家、美学家。认为哲学是关于"人性"（包括知性、情感与道德）的科学。主张知识来源于经验，经验由两类知觉（印象与观念）所组成。认为人们不可能知道知觉如何获得及知觉之外是否有客观事物存在，自称这种说法为"怀疑论"，哲学史上则被称为不可知论。代表作品有《人性论》《道德与政治论文集》《人类理解研究》《道德原则研究》《论审美趣味的标准》等。——译者注

术家或小说家自己，为了不使作品"变质"，他们也绝对不会对已完成的作品再加以修改了。换句话说，即使对于创作者本人而言，一部作品是根据他们的意志衍生出来的东西，但一经完成就是"在外部与创作者对立"的。因为将已完成的作品置于同艺术家自身的意志不同的状态，从中看出的艺术表象就是他们的意志。也就是说，"完成的作品"只能被欣赏。

即便是对其创作者本人而言，艺术作品也是从外部与他"对立"的，更不用说他人的作品了。观察不等于绘画。为了绘画而进行的观察，是通过画具根据观察的眼睛和画画的手的一致来实现的。面对已完成的画，如果只是束手旁观，就无法做出一丁点儿改变。这就是一部作品的根本性存在方式。这样一来，就可以毫无疑问地说，"欣赏"这个事实与观看绘画有着明晰的区别，不可混同，这是根本性的存在。也就是说"欣赏"可以分成两种形式。一种是艺术家的看。艺术家必须看自己要画的对象。但是绘画不只是绘画，所有的艺术都不是瞬间就能完成的，是经历时间的洗礼才能成就的。随着时间推移，艺术家才能发现什么值得画。与之相对，所有民众都将已完成的作品放在空间的维度上去看。这就是"欣赏"的另一种形式。所谓放在空间的纬度上去看，是将对象作为一个既存的东西，也就是说作为一个整体来看。把所有东西都看成同时或者同处于同一空间的。整体是部分的统一。画中的所有线条与色彩，作为形成很多阶段的构成背后最高的东西，形成整幅作品。我们的眼睛在看到所有部分的同时，也看到了整体。虽说是同时，但我们的眼睛不会同时看到所有的部分。那是不可能的。不管是多么小的作品，我们都不能同时看到所有部分。

我所说的"同时",是指在一部分一部分看过去的过程中,我们把部分形成的整体看作"已被创作完成并存在"的不可动摇的作品,已经"了解"了作品存在这个事实。作品已不能再做任何添加,不能再做任何删减,"无法变更"了。

区别是构造,是视觉的根本性存在方式。我们当然要对此做出解释。

观察一件作品,要将其与自己相对立,也就是将其与观察的自己相区分,是看一个又一个的"他物"。从某种程度上来讲,这样的观察对我而言是在观察"新事物"。同时,要意识到"不同的东西与观察的自己"。每当这时,我的心底总是传来一个声音,它喃喃细语道:"这不是我所发现的,我不是这么看的。"那是一幅画,那窃窃私语就是与看画时,也就是我用自己的眼睛进行创作时,相对立的声音。这个声音说:"这不是'欣赏对象'。"如果那是一篇小说,那个声音就是无法形成我阅读或者说我用眼睛写作的声音。艺术批判就是作为这种声音的一种形式产生的。批判无法与它的客体成为同种创作。从根本上说,无法成为艺术创作。艺术批判就是成立于与被批判的作品的对立。通过让观赏者看出作品中不同的新的存在,使其意识到其中所隐含的世界之深。"看"并不是"意识到"。只是单纯的意识到并不充分。换句话说,让我们意识到不同的"更深刻的东西"浮现在了我的脑海里。

观照会预想反省。批评家看一件作品的眼光,是其先验性的视觉表现,因此只有当他的视野完全打开,才能顺理成章地看到作品中描绘的内容。只有被他们发现,人们才能够看到其中"他的所见"。当他们看到了人物、山川,看到了形成那些东西的线条和颜色及某种精神，人们才会同样看到。如前所述，尽管所见不完全相同，每个人的欣赏方式也各不一样，还是可以看见"同一个事物"。

批评家在一部作品中发现的东西原封不动地被封锁在他的记忆里，正如我们平常经历的一样，也有可能会单纯仅为批评家自己的经验。那种经验是其他任何人都无从得知的。但是原本被发现的东西就是一种视觉，也就是"应该被看到"的东西。以作品的整体为背景，作为"批评家发现的东西"的一种表现。眼中的表象，可以根据视觉的根本性意志，作为一种新的作品取得进展。当他作为一位画家在临摹作品时，我们就能看出具有这个意义的事实。如果他是一位文人，他也能将自己在某部作品中发现的东西写成一部文艺作品。在这两种情况下，我们在他们各自独特的看法之中所看出的或者所发现的东西虽有所不同，但是我们看的是作为一部作品的结果。

不是要去顺从两者中的哪一个，他可以从那些作品中看出的东西，根据一个美的意志的根本性要求，尝试着反思作品的背后。如果是一幅柿子的画，他也许会想"这里有一个柿子"，然后将画在纸上的色彩与线条的独特搭配作为视觉的一面，和他的各种性格统一，从而联想到一个自然物——柿子。我们在此看到的色彩和形状是为了指示出有一个柿子真实存在于现实或想象中而使用的一种语言或一个文字。虽说是词，那是一位小说家将其作为小说的一节，写成"这里有一个柿子"，形式上虽然完全是一样的，但其性质绝对不同。对于小说家来说，重要的是写出来的故事，且是故事的具体内容，并不是与之相当的柿子的存在本身，也不是必须现实存在。在文艺中，只是语言本身被读者如何接受的问题。预想语言讲述的对象本身的现实存在，不是文艺，而是一种"报告"，或者说是一种"记录"。

但是"这里有一个柿子"这句话，就算不预想现实存在的一个柿子，也只能表达出"这里有一幅柿子的画"这个意思。人们从画中看出的色彩与形态的特别的统一，将其作为一种体现，从而反思其背后更高层次的视觉构造。并非在指代现实的柿子，而是在以"柿子"这个自然的名义来讲述一种视觉构造。这是画家看到的东西的一种记述。布吕纳介将记述与判断进行了区分。但是，所谓判断就是"讲述"。没有不成为讲述的判断。判断就是讲述。正如柿子作为一个自然的对象被冠以柿子这个名称一样，他从画里看出的东西被反思为具有这个名字的视觉构造的一种体现。原本，他将自己从那幅画中看出的颜色与形态的特殊构造，不管是谁都和他一样，应该将其作为被称为柿子的视觉的一种形式来看，带着某种确信去预想。据康德所说的"不允许有不同意见"，他们都预想是正确的。他的眼睛捕捉到的东西是所有人都必须一样地去看待的，在他们固有的看法中，就像先验的视觉体现一样。他在通过"一个柿子"这个名字讲述的时候，其他人也必须去了解这意味着怎样的视觉对象。一个柿子就是可以作为绘画对象的一个简单的例子。但是一幅画，不仅可以画一个柿子，还可以画无限多样的事物，而且必须画。那可以形成一样事物与其背后部分和与其统一整体的无限多的阶段。然后，它可以成为所有理性反省的对象。就算是简单的"一个柿子"，事实上，都是形成了许多阶段的部分的统一。

帕诺夫斯基①针对美术作品的"记述"与"意味说明"，阐述了如下看法。在一部作品的记述中，我们不能仅止步于对色彩或形态这种单纯的形式的记述。这些形式都是具有意义的。意义又分为多种阶段。其中，第一个就是现象的意义。其中又可以进一步细分为"物的意义""表现的意义"。我们提到的人、山之类的是指物的意义。而所谓看起来开心还是看起来悲伤，是表现的意义。在路上遇见熟人想打招呼，要摘下帽子，微笑着低头等，是物的意义，这些意义就像我们的视觉和触觉一样，基于我们生活过的过去，可以很快被理解。想在一部作品中看到这些意义，要在生存的经验上，加上色彩或形态，以及将这些意义结合起来的方法，描写的可能性，也就是加上绘画构成历史的知识，然后去理解。

然而，《基督显圣》这幅作品和前文所述的不同，不是仅靠生活经验、构成知识就能理解的。了解被画在纸上的手与脚的活动、脸上的表情、在空中的姿势等的意义，并不是了解升天的意义。要想了解这种意义，首先必须了解有关于基督教的相关文献的知识。就像自古就有不少画家依据画出来的形态与动作还有表现，将基督升天这个故事画成作品。这在绘画的历史上形成了一个门类。必须理解预想这个门类历史的知识——"意义的意义"。例如，理解在外出途中与人打招呼这一动作所蕴含的表现礼貌的"意义的意义"。

在其背后能发现另一种意义。在意义的意义之中充满世界

---

① 帕诺夫斯基（Erwin Panofsky, 1892—1968），德国艺术史家。在图像学领域做出了突出贡献。帕诺夫斯基反对沃尔夫林的形式自律原则，主张在思想观念、哲学风格之间建立联系，认为风格的发展是与哲学、文化发展趋向一致的。代表作品有《图像学研究》《丢勒的生平与艺术》《早期尼德兰绘画》《视觉艺术的含义》《西方艺术中的文艺复兴》。——译者注

观的内涵。精神、性格、素养、环境、命运等和它一起发挥作用。在路上打招呼的人的动作里也一样，不仅包含着他们的知识、意志等，还体现了隐藏在深处的根本性内涵。可以将其称为"物的意义"。这是对于世界的他们的超意识自我表现。就像文献知识能够帮助解读"意义的意义"一样，生活经验帮助我们理解现象的意义，告诉我们这些现象在一个时代里的某个文化圈表现了怎样的世界观，这些可以通过精神史的知识来理解。

对于美术作品的种种解释，在现实里变得更加深刻，更加普遍地显现出来，通过将意义解释到最深的层次，才能充分完成其任务。

解释这些的根据往往是主观的认识能力和认识才能。以发现现象的意义为目的的根据是生存的经验。了解意义的根据是文献的知识，了解记录的意义的根据是世界观的态度。这些客观联系与主观认识相对立，也就是说，据此能确定知识的根据。现象的意义与绘画的构成史相对立，意义的意义与门类史相对立，记录的意义与精神史相对立（帕诺夫斯基，《论美术作品内容的描述与阐述问题》）。

帕诺夫斯基指出，解释的根据往往是主观认识能力和认识才能。事实大概就是这样。为了理解三段论的意义，作品的记述或者意义的解释不可避免地具有主观上积累的生活经验和学问上的知识，这是十分明确的事实。作品的记述几乎都作为理解具有这种构造的意义而成立。尽管如此，这些认识能力和才能，为了形成真正的论述，会带着什么样的内容参与其中呢？准确地说，是帕诺夫斯基所描述的那种构造在发挥解释的作用。

　　当我们看到一幅画中有个人摘下帽子微笑着，如果现有的知识告诉我们这个人是在打招呼、表示礼貌，那么这种知识起到了什么作用呢？作家选取这样的主题，运用画中的色彩和形状，原本并不是为了讲述"寒暄"这种风俗文化或者道德礼仪的知识，而是为了表达出颜色与形状的统一，以及从根本上表现出来的、生命与精神的结合的特殊视觉现象本身。绘画中的"应画之物"，也就是"能画之物"，从根本上而言就是生命与精神、色彩与形状的统一。

　　画家会用画笔描绘不同的主题。其中有些具有现象的意义，有些具有意义的意义。当他选择具有这些意义的主题时，是源于这些主题所要求的不同视觉构造本身，而不是为了讲述依附于这些构造的各种意义本身。"画家"只是作画的人，不是"讲述人"。无论何种文献或者世界观性质的意义，在绘画的世界里，都只是在完成其各自特有的视觉构造本身这种记号性质的任务。

　　当然，他并非单纯想画没有意义的颜色与形状，而是想画某种明显具有风俗性质或者宗教意味的景象。也许只有通过想象具有这些意义的事物，才能发现那样的特殊视觉构造。对于他们来说，这些经验和历史知识，应该说是宝贵的创作源泉。

　　与之相同，想要观赏这些作品，也必须具有这些知识。观赏美术作品，从根本上来说，是一种视觉的事实。为了看颜色与形状，只需要动动眼睛。除此之外，什么也看不出来。无论是多么丰富的历史知识，想要解读出其具有怎样的历史意义，不能只着眼于颜色与形状本身。颜色与形状的统一支撑着这些意义。换句话说，颜色与形状"走在意义前面"，不是意义走在颜色与形状前面。想知悉意义，必须对颜色与形状进行思考。绘画运用了特别的色彩与形状,表达"打招呼的人"这个意义的动作与表情。不知道打招呼的人这个知识就看这幅画,就看不到打招呼的人,只能看到催人还钱的人,这是画家没有画打招呼的人的最明确的证据。为了传达这样的知识,就要花费许多心力在大幅的画布上涂抹颜料。如果是这样,这应该是一种浪费,令人感到可惜。

众所周知,记述要想对一幅作品的文献性或历史意义进行论述的时候,必须要阐明该作品所特有的颜色和形状是如何统一的。例如,耶稣基督的升天和受胎告知等许多主题,就被不同时代、国别、流派的画家根据自己的绘画风格,创作出各种风格迥异的作品。画家将各个主题用特有的人物和自然的特殊构造绘制成不同的画作,这些不同的画作也都有其独特的绘画类型。在这种类型构造上,各位画家实现了他们特有的构思和风格。这便是绘画史实。作为绘画类型的视觉构造,结合其本身的深层意志,通过一些绘画作品展现出来。记述之所以想要解释作品的含义,就是为了明确地表述这一纯粹的绘画史实,而不是为了讲述作品所表达的"事实本身"。对画家具备的知识的根源性要求,可能就是要了解作品画的是什么、表达什么意义。这是本性的要求。而要说"绘画记述"的意义,只不过是通过它来尽力探明那些画作中所描绘出来的特殊视觉构造的源流。如果按照人们以往的认知,认为记述解释作品的意义就是为了讲述被描绘的对象本身的话,就说明人们没有理解绘画事实和记述的意义。无论画的是什么"物体",绘画都只能描绘出其颜色与外形。这就是一切美术作品的根本命运。

帕诺夫斯基认为,解释的依据往往是进行解释的主观认识能力和认识积累。但是要想真正理解画的是什么,仅靠理性的运用是做不到的，而是需要在那些能力发挥作用之前，通过直观能力直接有所发现才行。这样，才能真正地理解美术作品本身的含义，而不是通过了解含义去欣赏作品，后者只不过是知识性的态度。

富含文献知识的主题含义，还有单纯地表达某个物体的主题含义也往往如此，通常为了表达一个事件，会在描绘一幅景象之前，或者之后引发对事实的想象；又或者与之相关的事实联想，结合各自的内涵与所画的景象联系起来。这样一来，比起单纯地看画面的景象，也会增加更多的兴趣。相应地，赏画之人感受到的意趣就可以变得更多、更广、更深。或许，许多美术家都预料到了这一点，因此才从各种各样的历史、宗教及文艺中选取主题。

然而，我们不能懈怠正视事实。绘画不能描绘出事件的发展过程。绘画所能做到的，从根本上来说，只是画出一个视觉构造，这个视觉构造构成了事件中某个空间内所包含的"一个场景"。至于该场景之前或之后的景象，只能靠观赏者去想象。无论那些场景多么有趣，都不是由画作表现出来的。画家预料到种种想象都与画作有关，并想要打动更多观赏者，这并非靠他自己的创作，而是借助作品以外的力量试图获得观赏者的赞扬。他不仅是画家，还借着不是他自己创作的历史、宗教传说或诗人的文艺作品，兼任些许诗人的工作而已。只要他是真正的"美术家"，在进行真正意义上的创作，他就必须只依靠作品的色彩和形式的统一来打动观赏者。任何主题的任何含义，都仅仅作为其特有的视觉结构本身的依据使用。

通过记述，画家在一部作品中发现的先验的普遍性超越了那种单纯的经验，明显发展成了具有客观存在的形态。由此，我们就能知道他在这幅作品中有何发现了。从本质上说，那是与我所看到的东西有着某种差异的"一个东西"。相同性和差异性不能相互孤立地存在。区别就预想着统一。预想不到相同性的差异性是不存在的。同理，预想不到差异性的相同性也不存在。要想区分两个事物的不同点，就必须从根源上设想发现其不同之处。要描述相同点，就必然设想两个事物，即两个不同的事物。没人会关注"一个东西"的相同性。

如果记述的内容正确讲述了画家的发现，自然会被所有人理解。若画家看到了大众眼中的"一幅作品"，则他以怎样独特的视角看到的也必然会为人所知。艺术家自己也可以是那些人中的一员。换句话说，他通过把自己带入旁观者的立场，才会了解到在自己的作品中，大众是怎样看到与他本人所见不同的东西的。

❀ 三、艺术史、美学及艺术批评

就像康德将趣味即"美的判断力"的研究命名为"批判"那样，我们通常也可以把对艺术事实进行反思的知识性工作称为"批判"或者"批评"。也就是了解一个事实和其背后隐藏的东西之间的关联。换句话说，就是知晓一个事实出现的根源在于其背后隐藏的东西。这里的出现指的是从无形确立为有形。但必须能让人们从根源上预想到有一个"过程"，这个过程的形态就是时间。所有的事实都是在时间中推进的，伴随着时间的推进，人们必然会发现各种情况。关于事实，就如人们在过去发现它是"已经成立的事物"那样，也可以预想它在未来是"应该成立的事物"。在各种情况中，必然存在事实与其背后隐藏的东西之间的关联。换句话说，美的事物与艺术批判从根源上在确立时一定具有各种各样的形态。

一幅画上画了一个柿子。这是一个已经成立的过去的事实。我们把画上的柿子看作一个特有的事物，来设想与其不同的"其他的事物"，即其他柿子的存在，进而在更高层面设想与"柿子"对立的无限多的"事物"的存在。在画着柿子的画布——丝绸、纸张等空间中，我们设想那些事物都能画在上面。当然这些还只存在于想象之中，并没有被画出来。画中能看出来的，是与通过特有的轮廓凸显自己的柿子相对的，设想能画出无限对象的丝绸、纸张等的面积，即无限的空间。其中可能画上其他柿子或者其他种类的事物，也可能不画，这是以后的问题。也可能画上几个别样的柿子，但是不管画什么样的柿子，都是未来才关注的。其实现实中事实上是在无限的空间或背景中画有一个柿子。也就是一个柿子这种特殊的视觉构造呈现为一幅画的认知得到了确立。

一位画家画一个柿子这件事，就如我们通常想象的一样，从根源上设想有无数的画家根据自己的画风进行创作。同理，一个对象被画出来，从根源上会让人设想无限多种对象被画出来。这是视觉上的本质要求，这个要求必然会实现。只要是"要求"，就是未来的问题。只要是"本质"要求，就一定会在未来，即现在看不到的某种形态下实现。这样一来，将来我们就可以在具有无数种画风的无数绘画作品中看到这一事实。

一个柿子这样的同一个对象被画成两种不同画风的作品，这一事实被认为是知识的对象时，意味着必然有知识得到确立，那就是作为其特殊对象的一种视觉构造，将作品的本质要求以两种不同画风的形式呈现出来。也就是增加了作品呈现的丰富度，使其从本身表现出的形态向其他事物表现出来的形态发展。"新事物"的诞生是设想中隐藏在创作风格背后的高层次内涵提出的本质要求。"新事物"的诞生应该是这种创作风格背后的高层次内涵提出的根源性要求。这个要求在两幅作品中实现了。可以说是在时间的长河中实现了从一个事物到另一个事物，一个事物延续另一个事物的现象。当然也可能两幅作品是被同时创作出来的。当然，两幅作品也可能是同时画的。然而两幅画风各异的作品被拿来比较画风上的不同，指的就是一幅作品没有呈现的东西在另一幅作品中呈现了这一事实被察觉到了。但是，一幅作品呈现的事物同时是另一幅作品所缺少的这种想法也是可能有的，会有人这么认为吗？诚然，我们无法在一幅作品中看到"没有画出来的事物"，也无法得知看不见的事物。一幅作品没有画出什么，我们是通过将其画出来的其他作品才得以了解的。认识到一种事物不具备某个东西，一定要先认识到其他事物具备这个东西。对于这幅作品中没画出来的内容来说，该作品可以说是不存在的。这幅作品中还沉睡在绘画精神最深处的东西，会在其他作品中被唤醒，并以明确的形式展现在人们眼前。一个事物中还没被发现的东西，会在其他事物中被重新加工。所谓重新加工，从根本上说是指在一个状况"之后"，"接着"被发现。一个事物得以存在，势必让人预想到在那里不存在其他事物。一幅作品里没有画到的事物，就必须由其他作品来画。正如刚才提到的，两幅作品可能是同时创作出来的。将某事物画出来的作品可能早于没画出来的作品出现。无论如何，人们通常认为画的内容多，就是其中加入了新的内容。

两幅作品的确立被认为是其背后隐藏的东西在这种意义上

的时间关联方面的体现，就成了艺术史的确立。当然，通过两幅画只能看到绘画史的一小节内容。但艺术史在更高层次的各种阶段当中的确立，通过这种方式不就很容易理解了吗？

为了使绘画史的一节在两幅画中成立，这两幅作品必须画风迥异，且从根源上设想的这两幅作品背后的视觉构造，被认为是建立在"绘画"之上的。我们可以认为这些画中呈现出的就是创作的源泉——"绘画的精神"，也是绘画存在的本质要求。把绘画当作一种特殊的视觉艺术加以区分，从根源上让人联想到在视觉艺术领域中确立起"非绘画的东西"。雕刻就是作为这类根源性联想的一种体现而成立的。绘画、雕刻这两种不同视觉艺术的存在，促使我们反省"美术"这一艺术表达存在的背后力量。

美术的存在使人们不得不从根源上反省与之相对的音乐、文艺的存在。一个事实的存在，使我们对构成无限多个阶段且规定了其存在的事物，即事实诞生背后的原因进行反省。这就是艺术的理论考察。美学或者艺术学就是以这样的形态成立的。

与其在和"批判"完全相同的意思下使用"批评"这个概念，不如稍微狭义一点，只要是不同于美学和艺术史的艺术批评，就将其放在总称"批判"的下位，这作为可能创造一个惯例的方法又有何不可呢？

虽说"批评"是从美学或艺术史中区分出来的，但在让人联想到对背后因素的反思方面，与上述研究是相同的。批评是根据什么被人们发现这种特质的呢？

一幅作品会让人设想其背后的精神。一幅柿子的画表达了柿子这种视觉的根本要求。这个要求的对象是画中还不存在的东西，就是未来的关注点。从根本上来说，人们会设想一个问题，就是该要求是如何在作品中实现的。回答上述问题后，艺术批评方可成立。

但是这个问题可以有许多不同的形态，如可以问所画的对象是否表现出了自然的真实。在画作中，不仅对象的色彩没有正确表现自然的真实，而且连形状都被明显破坏了。批评就是向对其进行指责和嘲笑的群众进行阐释，告诉他们那画的是"更深层次的自然"的真实。

抓住一部作品所表达的东西，将其拎出来作为知识的对象，在这一点上，批评也好，艺术史也好，都是一样的。但是批评不仅限于艺术史那样只对作品所表达的内容做个说明，它所关注的中心问题是作品所表达的内容如何才能达到艺术的要求。自不用说，艺术的要求就是作品所属艺术领域的要求。对于一幅画来说，批评就是去关注这幅画如何才能表达出绘画所要求的东西，即绘画应该表达的东西。那是一部已经完成的作品，一位风格独特的画家画了某个静物。绘画的精神就像之前说的那样，表现在两个方面。一方面表现为画家自身的意志，也就是说批评必须去探讨这幅静物画如何表现出画家的创作意图；另一方面表现为包括评论家在内的大众的要求，这时批评必须去探讨如何画出满足他们要求的内容。

年轻貌美的人物肖像画，在沐浴着夏日清新阳光的树林边画就。无论是在轮廓上，还是在与之对应的表面的圆润感方面，它都将仿佛 15 世纪的佛兰德斯人和意大利人等画的那种精致的细节精彩地呈现了出来。圆润的地方是非常光滑的表面，连一点粗糙、孤立的笔触残影都不留。轮廓是清晰的几何线条，没有掺杂任何实线。在这清爽夏日的大自然中，人物的脸庞和身体的各个部分都被画得栩栩如生。在眼睛、嘴巴及姿势等整体上，高雅而深邃的精神彰显出平静却充满魄力的身影。一位评论家用缜密的论述方式表达了对该作品的称赞。这是否是切中要点的批评？但他是如何进行与称赞相符的批评的呢？

他也阐述了我在这里简述过的事实，讲到了其中的主题人物和环境背景，讲到了人物的年轻，还讲述了生命和精神的背景是沐浴着夏日清新阳光的大自然。关于人物与自然的画风的记述特别详细。他还呼吁读者注意画面中每个事物的构造，还有那些事物之间的关联，即画面构成。作为这些叙述中所讲的一切事实的统一，画中蕴含在人物与自然中的生命和精神的部分他也做了说明。这样的画作在当今许多画作中为什么应该被看作最特别的存在，其理由得到了明确。这样一来，他就对这部作品引人注目的功绩给予了毫不吝啬的赞赏。倘若幸运地与我的推测一致，且成功对作品本身进行了精确讲述，那样的批评工作就算圆满完成了，应当受到大家的认可。但是如果批评只是这样的批评，那么其中就潜藏着各种各样的问题，需要同诸位一起考察。

评论家为了讲述人物与自然中蕴含的充满活力的生命和高雅而深邃的精神，于是阐述了那幅画的构造和风格，这是理所当然的。因为绘画就是在描绘颜色、线条及其中所有东西之间的关联。其风格也与上文提到的意大利人、佛兰德斯人极其细致的画作相似。它和近代或当代的画风形成鲜明对照，后者用大量粗糙、孤立的笔触刻画事物的形态和饱满感，是几乎支配所有油画的画风。他要求读者注意这一事实，并强调那是这幅画在当今绘画界中的一个显著特色。当然，他还发现了这幅画作的风格并不是这位画家独创的，只是将很久以前在欧洲发现的显著画风之一继承到当今绘画界而已。尽管如此，他发现这是不可忽视的功绩：这种画风把夏日的清新阳光这一印象派之后的绘画的重要对象——不只是"叙述"——真实地描绘了出来。这阳光画得如此精彩，以至于在古代的佛兰德斯用这种细致的画风画出灿烂阳光的温·艾克都没有见过，连卢浮宫里在无限黑暗的背景前迎面沐浴灿烂阳光的《施洗者圣约翰》的作者也未曾发现。但我暂且不对那样的批评过程进行进一步追踪，我希望各位注意一下以下事实。

他第一次用这种特色鲜明、细致的画风将充满朝气、灵性的人物和风景展现了出来。为了阐明该画风的含义，他将其与意大利、佛兰德斯的古老画风作比较，论述了该画风是这种古老画风的一个延续。他能够尝试做出这种比较是因为他了解欧洲绘画史的知识。基于这些绘画史的知识，他注意到了这幅画与古老画风的异同点，也就是尝试以细致的画风为对象进行绘画史的考察。"细致的画风"中包括了光滑饱满的表面和几何线条清晰的轮廓，其名义下的绘画含义即视觉构造的一种特殊形态，将表达夏日清新阳光这样加入新内容的行为，换句话说，是把一个取得新进展的事实明确地揭示了出来。在此，以细致画风为外在形式的绘画的深层精神及一个画作的主体性被认为以该作品的方式得到了体现。这幅画的风格则被认为是以该主体性为背后隐藏力量的一种前景式存在。古意大利、佛兰德斯的画作分别是这种主体性、这种精神的不同体现。这些各种各样体现在"前后"的关联中，也就是在某事物未表现出来的东西由其他事物来表现这样的关联中，再换句话说，被认为是艺术精神的时间内的发展时，就是一种艺术史性质的考察。那样的批评将这种绘画史性质的考察作为其构成的一个因素"包含"在内。考察并不只是随意混在批评之中。为了表述明白这幅作品及作品的作者所取得的成绩的含义，对这种绘画史性质的考察是不可或缺的。评论家将其当成画作的或是画家的功劳来对待。他尝试考察绘画史不是为了从绘画史的角度研究精致的画风本身，而是为了明确这幅作品的优秀含义。对他来说，作品本身是眼前及批评集中关注的对象。由此，从美术史中区分出来的、狭义的"批评"就成立了。批评通常是以被批评的作品本身作为考察中心，而不是设想中隐藏在作品背后的东西。

然而，我们再来推测一下这位批评家的评论走向。在那有着精致外表、洋溢着年轻生命力的脸和手部的白皙皮肤上，散落着隐约的红晕，体现出全身各处都充盈着年轻的血液，淡青色的饱满身影看起来就像白色的青铜像。就像这样，他的批评循序渐进，让我们看清了极为精致的饱满感的变化，让我们注意到画中展现的栩栩如生的青春活力。他讲述了那生命力表现在人物的眼睛和嘴巴上，体现了高雅而深邃的精神，还表现在作为背景出现的树、叶、草地之中。这些与现实截然不同的草木，以及人物的身体、表情中表现出了大致相同的感觉，这个事实本来就是必须明确的。为了明确这一点，他阐述了绘画所表现的生命、精神是如何体现在其轮廓、表面上的，还有颜色与线条，以及由此形成的画风具有怎样的艺术意义。但是，线条与表面的特殊统一所形成的画风，并不仅有这幅作品和佛兰德斯、意大利的绘画共同具有的细致画风，也有用大量粗糙的笔触来描绘事物的外形和表面，不去细致刻画轮廓与饱满度的画风？还有表面光滑但轮廓却不清晰的情况。考虑"画风"的含义指的是考虑比"一种画风"更高级别的背后力量的含义。也就是考虑作为更高级别的主体性的画风，多种风格里共通的各个东西都被认为是这种背后力量的体现。考虑主体性是以画风为对象的美学考察。把创作风格当作考察对象和美术史中的情况是一样的。然而在美术史中，"一种画风"随时间的推移会如何发展演变是受到关注的问题。我把一种画风的含义放在和作品批评的比较中进行思考。但是绘画的画风必须从根本上让人们预想到无限多种事物的差别。不仅在绘画上，所有艺术种类都必须是这样。不仅考虑单单一种画风，必须把多种风格的发展演变当作艺术史的对象。这样一来，这些风格就被视作背后更高级别的"创作风格"随着时间而发展的产物。通过其自身的深层精神，以各种作品或它们背后力量的形式出现、应该发展为多种画风的创作风格，其自身相关的艺术史性质的考察是在一个已经一清二楚的"画风"的设想上确立起来的。而美学上对于画风的考察，与之有明显的区别。美学考察不是建立在画风的设想上，而是对设想中画风的形成进行考察。从狭义上来说，批评、艺术史和美学是三个不同的层次，它们相互区分。

第三章　艺术批评

✿ 一、批评的各种形态：赞赏、批评、评鉴的构成

一部艺术作品会给人们留下各种各样的印象。歌德①在西斯廷教堂看了米开朗琪罗的天顶壁画之后表示：我禁不住一个劲儿地惊叹。这位大师内在的可靠、刚健和博大无法用言语表达（歌德，《意大利游记》），就像这种描述一样，可能人们眼里只有应该一个劲儿赞赏的东西。当然也会有相反的情况，而且那样的情况太多了。诸位都已熟知：从 1642 年左右发表的大作《夜巡》开始，到之后的诸多作品，伦勃朗②都因为不

---

① 约翰·沃尔夫冈·冯·歌德（Johann Wolfgang von Goethe，1749—1832），德国著名思想家、作家、科学家，他是魏玛的古典主义最著名的代表。而作为诗歌、戏剧和散文作品的创作者，他是最伟大的德国作家之一，也是世界文学领域的一位出类拔萃的光辉人物。他在 1773 年写了一部戏剧《葛兹·冯·伯利欣根》，从此蜚声德国文坛。1774 年发表了《少年维特之烦恼》，更使他名声大噪。1776 年开始为魏玛公国服务。1831 年完成《浮士德》。——译者注

② 伦勃朗·哈尔曼松·凡·莱因（Rembrandt Harmenszoon van Rijn，1606—1669），欧洲巴洛克绘画艺术的代表画家之一，也是 17 世纪荷兰黄金时代绘画的主要人物，被称为荷兰历史上最伟大的画家。伦勃朗的画作体裁广泛，擅长肖像画、风景画、风俗画、宗教画、历史画等。代表作品有《夜巡》《杜普教授的解剖学课》《杨·西克斯像》《达那厄》《三棵树》等。——译者注

被当时的公众理解而痛苦万分。同样地，17 世纪荷兰的一位伟大的风景画家雷斯达尔①也同他这位伟大的"邻居"一样，不被当时的公众理解，以至于度过了孤独的晚年，最后在医院里寂寞地离开了人世（穆·瑟，《艺术史》）。在 19 世纪中期，以马奈②为中心的一批杰出的年轻画家，其中甚至还包括塞尚，遭受了当时无数无端的嘲笑与谩骂。我们也常有耳闻，对优秀但无法被人理解的作品进行评价可能是颇有益处的，就像左拉③为马奈的作品写评论一样。马奈的名作之一《草地上的早餐》在 1863 年的美术沙龙中落选，后又在同年举办的落选者沙龙展出时遭到公众无情的嘲笑。《奥林匹亚》虽在 1865 年举办的美术沙龙中获选，但仍然被人们羞辱，同样的事情也发生在 1866 年的作品《吹笛子的少年》上。左拉停下了小说的创作，为《费加罗报》的前身《埃凡纳曼报》撰写评论文

---

① 雅各布·雷斯达尔（Jacob van Ruisdael，或拼作 Ruysdael，1628 或 1629—1682），荷兰风景画家。他的作品分布在卢浮宫、伦敦国家画廊、海牙、阿姆斯特丹、柏林和德累斯顿的各大博物馆，所有作品的主题都集中在描画风景尤其是森林的景象，他被称作树画家，擅长于描绘树叶，尤其是古老的橡树，描画得相当细致和传神，他所画的城堡远景明显受到伦勃朗的影响。歌德曾经称赞他为画家中的诗人，他的画作也影响到后来的浪漫主义画派。代表作品有《磨坊》《迪尔斯泰德附近韦克的风车》《犹太人墓地》等。——译者注

② 爱德华·马奈（Edouard Manet，1832—1883），出生在法国巴黎的写实派与印象派之父。马奈的画风乍看之下应该属于古典的写实派画风，其人物细节都相当有真实感。但马奈之所以也被归为印象派画家，在于他所画的主题颠覆了写实派的保守思考。马奈很明显地表示出，印象派并不仅仅靠绘画技巧来与众不同，主题也可以重新思考的一个概念。代表作品有《左拉像》《枪毙马克西米连》《草地上的午餐》《奥林匹亚》《酒吧间》《饮酒者》《版画家贝洛像》等。——译者注

③ 爱弥尔·左拉（Émile Zola，1840—1902），法国自然主义小说家和理论家，自然主义文学流派创始人与领袖。左拉是 19 世纪后半期法国重要的批判现实主义作家，其自然主义文学理论被视为 19 世纪批判现实主义文学遗产的组成部分。代表作品有《小酒店》《娜娜》《萌芽》《金钱》《崩溃》等。——译者注

章，即使最后因为公众的愤怒而不得不中止他的评述，他仍言无不尽，力拥马奈作品中充满的"生命与真实的力量"，极言"马奈一定会成为未来的大师""马奈定会有胜利的那一天"（左拉，《我的沙龙》-《爱德华·马奈》-《我的仇恨》）。甚至还评价说，"命中注定《奥林匹亚》《草地上的早餐》《吹笛子的少年》将在卢浮宫占有一席之地。"（左拉，《我的沙龙》-《爱德华·马奈》-《我的仇恨》）如今，马奈的这三幅作品及其他的一些作品作为开启绘画新时代的巨匠之作，的确在卢浮宫向世人们展示着。

人们无法理解优秀作品的原因不是只有一个。有的是因为被错误的艺术思想荼毒，不能达到真正的艺术境界。或者是比如要求艺术作品要有理性的真实。更有甚者，只局限于欣赏特定的美，对于其他的美则心门紧闭。像这种只愿意欣赏有古典美的作品的人实在是太多了。对于这种想法，我们可以通过批判它的狭隘与错误，将其引导至正确的艺术欣赏之路。不管它有着明晰的形态还是模糊不清的形态，它都需要他人的赞同，因此不得不有理性的内涵。当然，首先要思考出若干相关的事实，然后用理论来具体地说清楚。把那种想法视为错误的，可能是因为其中存在理性层面上的谬误，或者对事实的理解混乱的情况要先凸显出来。美学可以指出这些问题。即使是不同的想法，只要是能够包容他人意见的人，就可以花费一些心力将美拥有广阔的范围这一事实告知他，劝告他磨炼自己的鉴赏力，让他那能够捕捉美的心变得更加宽广。批评应该能起到这样的作用吧。但是实际上真的能吗？康德描述过如下想法。

如果一个人对于建筑、风景和诗歌之类的东西都不觉得美，即使所有人都异口同声地说那有多么美，也不能强行让他打心眼儿里同意这个看法。话虽如此，为了避免被当成没有品位的人，他可能会装出一副欣赏的样子。再者，也许是见识过很多东西，还是不确定自己是否有足够的鉴赏能力。而且，不管有多少人都同样地看待事物、表明赞成之意，甚至众人之言足以作为逻辑性判断的论据，他仍然清楚地认识到，绝不要因为众口一词就做出不同的审美判断。自己做判断时听到不同的声音，确实会导致自己在做判断时犹豫不定，但是绝不能让自己相信那声音是错误的（康德，《判断力批判》）。

对于那些因在乎他人想法而强行装作有品位的人来说，可能批评也是没有用的。而执着于自己的选择、对众人之言毫不理会之人，不论多么优质的批评，也同样是无济于事的。对于那些拿美的判定不存在客观证据这一事实当挡箭牌、不肯改变自己审美的人，批判终究无计可施。只有那些怀揣谦虚之心的人才会认真倾听外界的批评。"批评的内容"从根本上来看是"需要听取的内容"。既然是需要听取的内容，就不能当耳旁风。对于我们来说，听该听的话是作为人类应有的最理想状态。这也就是所谓拥有谦虚之心。但谦虚不意味着完全地屈从于他人，而是听从他人诉说的真实。那时，他人所言的真实便成了自己的真实。

一个人发现了一部艺术作品中应该被欣赏的部分，可以证明他视力健全。同时也证明没有错误的思想来妨碍他做出这种判断。这不仅是对于他自己本身是值得庆贺的事，对于其他的普罗大众和艺术家都是值得高兴的事。特别是对于那些优秀但并未得到相应赞赏的艺术家来说，算得上是立了一个大功。布吕纳介非常坚持这个观点。

但是，对于作品的所有赞赏是否会立即成为艺术家的功绩这一问题，我们就不得不再深入思考一下。伯克①所阐述的关于这个方面的如下事实是我们都发现过的吧。

伯克认为，拥有一定程度的感受能力，是对艺术中良好审美做出正确判断的必要前提。但是如果单单从自己的第一感觉出发，未必会做出恰当的判断。拥有较差感受性的低级鉴赏者从平凡的作品中所得到的感动，经常比那些顶级鉴赏者从最优秀的作品中得到的感动还多。从极为低劣、残缺的诗歌和音乐当中，也可以发现这种非常强烈的效果。粗野的听众会被这些处于最粗野状态下的艺术的内核所感动。这是因为他们没有经过相应的锻炼，无法看出那些艺术中存在的缺点。然而艺术是向着完美不断前进发展的。批评的技术也在同步进步。人们在已完成的结构中发现的缺点会不时地妨碍做出审美判断时的快感。

我们平常所说的趣味不同，一般而言是知识储备上的不同。而关于知识的来源，并不是天赋的强弱，它仅来自经验和观察等，所以实际上极为偶然。没有看过雕塑的人，即使看到了和自然只有几分相似的平凡无奇的作品，都会立刻感受到真实的满足感，而忽视它的缺点。随着阅历的增加，就会对自己曾经赞赏有加的作品嗤之以鼻。这是因为他对雕刻的了解加深了，而非审美趣味发生了偏转。曾经有一个很有名的故事，说

---

① 埃德蒙·伯克（Edmund Burke, 1729—1797），18 世纪英国的政治家、作家、演说家、政治理论家和哲学家。他经常被视为英美保守主义的奠基者。伯克也发表了许多与美学有关的著作，并且创立了一份名为 *Annual Register* 的政治期刊。代表作品有《与美国和解》《为自然社会辩护：检视人类遭遇的痛苦和邪恶》《论崇高与美两种观念的根源》《法国大革命感想录》。——译者注

的是鞋店老板指认出了画家所画的靴子的不足之处。实际上画家并没有像店家那样仔细地观察靴子，只是满足于大体上形似，没有注意到细节上的差别。这个例子只是说明了他对于靴子的知识还不够，还不能上升到对于审美趣味的批判。

审美鉴赏通过加深对观察对象的了解和持续的仔细观察及频繁训练而进步，人的审美趣味则完全与审美鉴赏同步发展。未采取这种方法的人，其自身的审美趣味即使能迅速确定，速度通常也是不确定的。只不过是单靠推断和莽撞得到的结果，并非仿佛一瞬间黑暗退散、光芒乍现般的恍然大悟。只有勤勤恳恳、不断充实对观察对象的知识储备的人，才能掌握审美判断的真正准确性和速度（大卫·休谟，《论审美趣味的标准》）。

伯克认为，低级的审美鉴赏是由于缺乏经验所致。但是，经验的差异不会立刻让人联想到天分方面的差异吗？

休谟认为，在美的艺术的领域，就如平常可以想象到的一样，趣味并无差异。与生俱来的低级趣味是否存在则不得而知，如认为低等的快乐比高雅之物更好。他认为，并不是说低等的快乐比高雅的趣味好，而是强调那样的人不知道好作品的存在（大卫·休谟，《论审美趣味的标准》）。

但是确实我也认为那是很重要的事实。并不是从质量低劣的招贴画中获得愉悦就是一件不好的事，往深层次看，不知道拉斐尔所画之美就说明其中有很大的问题。即便评判的人受限于自身的天分或者缺少相关的经验，但不管怎样，他所能感知到的绘画的世界也只有那一隅而已。绘画的精神在他心中，仅仅呈现出匮乏和萎缩的发展状态。绘画中出现的那种状况从根本上违背了绘画之精神。

人们在一部作品中领悟到的，就像已经阐明的那样，并不只是"一个意象"。一部作品作为一个整体，是由被无限的层次区分开的多个部分组成的。关于这些部分和整体的关系，因此而成立的部分的层次实际上也是无限的。把这样的构造放到另一部作品中，我们也会看到各种各样不同的东西。所谓看出了不同的东西，是因看到了组成部分的某些东西，而有些东西则没有看到。并不只是单单从一个一个的要素来进行思考，也可能是那些要素间的关系或被关注到或被忽视了。一个人或许只看到了画的水果的外形。但是，也有人看到了构成水果的线条里蕴藏的东西。可能还有人连所画之物在画面中所处的位置之间有什么关联都透彻地观察到了。最开始的那个人多半会感叹水果的外形画得非常自然。另一个人可能注意到作画之人显露出了卑俗的心理，于是皱起了眉头。或许还有一个人说"而且"，他顿了顿，"这些水果的位置七零八落的，在这些东西之间，没有'呼''应'的相关性，这里并没有画出任何的结构"。

如上面提到的这样，或者与之类似的种种观察可以由欣赏的人们以各不相同的方式表述。或许那是连艺术家都没有意识到的事实。我不得不提出疑问，这种事情真的是应该的吗？作画之人应该是对作品的一切都了然于心的。他想要画的就是画在那里的东西，也只是那些东西。没画出来可能是画家本来就不打算画。对没画出来的东西还要进行批判，可以认为那只不过是鉴赏者无理的要求吧。

然而各位要注意下述事实。艺术家的意图及据此产生的作

品是无法做到根本性完全一致的。他能完成什么样的作品，是
无法提前决定的，哪怕按照任何意图来做都不能。艺术的精神
不是单单作为意识停留在大脑里就可以，而是手眼一致作用的
结果。只有这样才能创作出一部作品。当然也并不是眼和手随
意移动就可以的，必须先行确立创作的决心。但是在有意识的
行动中，会得到超越原本意识的成果。艺术的创作在根源上是
"意识到的东西""意料之外的惊喜"的统一。

艺术的创作除了有意识的意图和行动之外，还会料想有超
越这两者的"无意识的东西"参与进来。从古至今，这种想
法以各种各样的形式展现在人们的眼前，其中的一个例子便是
谢林①的想法。据他所言，技巧性的东西（即艺术家有意识的
意图、实现这种意图的深思熟虑、反省等）和诗意的东西
（即无意识的或者客观的活动）联结成绝对的一体，那么一部
作品就成立了。超越我们认知范围的不变的同一性，也就是绝
对性，是一种隐秘而未知的力量，它让双方的无限对抗得以调
和，并把客观性的东西带到意识中来。这就是所谓天才。当
然，艺术不是只限于天才的活动，艺术要真正地拥有客观性，
必须以一部作品的形式呈现在对象物中。艺术的客观性同时也
必须是材料的具象性（谢林，《先验唯心论体系》）。

可以举康德的例子。在他看来，艺术期待着天才的诞生，
那是一种超越了创作时艺术家的思索和意图、被自然赋予的才

---

① 弗里德里希·威廉·约瑟夫·冯·谢林（Friedrich Wilhelm Joseph von
Schelling，1775—1854），德国哲学家，德国古典唯心主义主要代表之一。代表作
品有《世界灵魂》《自然哲学体系初稿》《先验唯心论体系》。他还参与编辑《思
辨物理学杂志》《新思辨物理学杂志》，与黑格尔共同编辑《哲学评论》。——译
者注

能。成就天才的是构想力和悟性这两种认识事物的能力。根据
这两种能力的和谐使用而形成的美的理念才是艺术作品的核心
成分。应该说，那是与自然类似且又超越了自然的另一种自
然，是赋予了生命的自然（康德，《判断力批判》）。

　　关于那是怎样的"一幅画"这种问题的答案，可以理解
为它是任何物体的任何颜色和线条的统一体，因此可以有无数
种各式各样的画作。并且通过一位画家所体现出的"绘画"
的精神，将无限的创造性中的一个构造具体表现出来。一位画
家所创作的一部作品，承载着无限的绘画精神。那种精神在实
现后才能被人知晓。它并不是一个存在，而是"先于存在"。
"画家"只是能进行创作。我们并不能得知他在创作时身负着
多么深沉的意志。也是由此，我们不能预知它在完成之时究竟
是什么样的作品。绘画的精神只能永远隐藏在背后。换句话
说，他必须背负永远达不到那种意识层面的命运。时时刻刻浮
现在画家眼前的东西是超越那种意识层面的，也就是"预期"
不到的东西。经常有一个"新的东西"是通过"画家"所见
之物的形式出现的。

　　所谓画家之所见，所谓真正在观察，其最深层次含义就是
要看出"应该看到的东西"。应该看到的东西，也就是"应该
被看见的东西"，其表象在那位画家的眼里、手中、全身各处
确立起来。应该被看见的东西是从根源就决定它会被发现，不
是单单作为作品内部表象而转瞬即逝的东西，必须是万人的眼
睛能够看见的东西，这就是所谓"作画"。也就是一幅被创作
出来的画，根据最深层的根本性要求，必须被人们看见。那是
作品本身的，换个说法，是创作它的美术家及应该去看作品的

人们的超越意识层面的根本要求。我们要根据在作品中所看到的东西本身去理解艺术家的意图。展现出来的艺术家创作意图的结晶，在根本上对于我们来说是"自然之物"。我们在外界所看见的自然就是最终呈现给我们的视觉效果。我们眼中的自然的东西，在最深层的含义上，其存在是被人们肯定的，也就是必须从根本上使人"满足"。看到那样的东西会从根本上唤起愉悦感，而对这种愉悦进行的反思则是对作品的"赞赏"。

无论艺术作品是关于自然风光的画作，还是描述事件的小说，公众都将其看成一个统一的自然。在画出的种种对象及其关联中，或者是在叙述的人物状况、事件经过等内容中，人们期待找出将这些因素统一起来的东西，也就是更深层的自然的表现形式。一部能够真正称为艺术的作品中所有的部分都应该为了形成这样的自然而被描绘。如果在那部作品中，哪怕是在极小的一部分中，出现了没有推动自然的形成或者造成阻碍的东西，这当然会作为一个缺陷被人指出来。这并不是评论家的主观看法，而是以进行创作的艺术家的意图而表现出来的艺术深层次的精神对作品所要求的。

我希望大家能注意的是，一位评论家，我指的是真正的评论家，他的正当要求绝不会依据其主观意愿而和作品相去甚远。因为评论家也是看作品的人，当然会要求作品里有该有的东西。所描绘对象的形状、颜色及其构成是一个特殊主题下的视觉感受通过一位画家而呈现出来的，因此评论家必须对其进行观察。当然，他也会以自己独特的视角来鉴赏"美术家的作品"。

看的东西虽然都是同一个，但是评论家有他独特的视角。

不能认为在他们眼中是完全相同的。然而，评论家无法充分理解作品内涵这样的事实也是有的，很多先例已经指出了这一点。相反的是，批评家可能清晰地发现连画家都没有注意到的事实。对于应画却没有画出这件事，画家没有注意到也是可能会出现的。

评论家注意到了这一点，如此，他们可以毫无顾忌地将其作为作品的"缺点"指出来。

恐怕，我应该预想如下的疑问：为什么可以将那些作为缺点提出来呢？你不是说作品所描绘对象的某一部分或者这些对象的某种关联没有画出来吗？批评家难道不是在看没画出来的东西，也就是并不存在的东西吗？

并不是在看并没有画出来的东西。这是批评家也不可能做到的事情。其实看的是没有画出来这件"事情"，而非没有画出来的东西。他只是看到了应画的东西没有画出来这一事实。但那也是可以做到的事吗？所谓没有画，就必须是有什么东西没有被画。如果说没有满足要求，就一定是缺少被要求的"某个东西"。不就是那个东西没被画出吗，但我们如何得知这一点呢？

你或许考虑的是外界的自然。但是，与其继续刚才的问题，不如我来回答吧。确实，我是把自然当成应画之物来考虑的。我指的是画中的水果并不具备自然中存在的水果所拥有的特质。但是，我希望你能特别注意，我所说的应该画出自然中有的那些东西并不是回想起记忆中自然的水果，然后比较那幅画是否画得和它一模一样。那是一种纯知识性的态度，却不是观赏艺术作品时应有的态度。这个在前面已经描述过。如果人们为了指出作品的缺点，根据过去的经验声称自然并不是那样的，那么除了一种情况，这种做法基本都是错误的。这种情况是，他为了说明在作品中描绘的对象，或者由这些对象构成的东西具有的、立刻就能被发现的缺点，特意用没有那些缺点的自然来进行对比。他之所以引入自然做对照，并不是说因为自然中存在，绘画中也必须要画，不画就是缺点，而是要指出作品中缺乏自然所具有的"某种统一"。不去观察所画对象的某个细节，或者将其变形，就应该能看出自然的全新构成。外界的自然并不是我们所理解的自然的全部，刚才也提到，我们所看到的自然是自身视觉的产物，是我们视觉的"一种展现"。在我们的脑海里隐藏着自然界中尚未发现的自然。外部的自然界是无限的，"内部的自然"也无限宽广。两者都是我们的自然，有区别，却预示着统一。只要内外两种自然被认为是不同的，它们就必须在"更深层次的自然"中统一起来。描绘的自然，即使在某个细节上与外部自然界中的有所不同，至少也要与"更深层次的自然"保持一致。而人们提出"应该画的东西没有画出来"的意见，是因为作品没有与更深层次的自然保持一致，没有满足这个根本性的要求。

艺术是对自然的模仿这一说法是亚里士多德的著名主张。这个学说从发表后流传至今，经过各种各样人的转述，以各不相同的形式流传了下来。生活于 18 世纪法国的巴托①就是这一学说的著名代表人之一。

---

① 夏尔·巴托（Charles Batteux，1713—1780），18 世纪法国的美学家，艺术哲学的奠基人。著述宏富，撰写、翻译和主编了大量作品，涉及修辞学、历史、哲学、语法等多个领域。代表作品《归结为同一原理的美的艺术》。——译者注

他于 1747 年出版的《归结为同一原理的美的艺术》一书中，就趣味的法则和艺术创作之间的关系做出了如下叙述：

> 对艺术进行判断的，是把艺术创作出来用于品鉴的东西，即趣味。趣味与天才等同，是自然的能力，与天才的自然和能力是一致的。它通过感情来认识美的规则。
>
> 趣味是认识美的规则的出发点这一说法指出，规则应该是与之有关的明确理念。这种理念可以从我们所说的"艺术是对美的自然模仿"这样的定义中看出来（夏尔·巴托，《归结为同一原理的美的艺术》）。

艺术是对自然的模仿，这一观点是巴托最著名的观点。当然它并不是像一些人误解的那样，在宣扬对自然的奴性模仿。我现在介绍的内容就是依据巴托的《归结为同一原理的美的艺术》这本书，它对巴托的想法进行了详细的描述。由于亚里士多德的艺术论传到了 18 世纪的法国，所以巴托的模仿论从根本上说是在传播这位古希腊人的思想。根据他的理论，艺术所模仿的美的自然拥有着美和善的一切性质。一方面，它必须在我们的精神中传播和完善我们所拥有的理念，它必须为我们提供一个自身完美而美好的对象，以抚慰我们的心灵。同时，它也必须在同一对象中展示那些让我们感到亲切、让我们自身的存在感到愉悦并得以完成的"善良之物"，以抚慰我们的心情。美的自然会在同一个对象上集合美和善，赋予我们各种必要的品质，以同时磨砺和完美我们的心灵和精神。

艺术是对美的自然之模仿。它是人类为自己创造出来的作品。创作时的第一目的就是获得"喜悦"。他们向天才求助，来唤醒那种精神，找出让趣味活起来的理念及感情的全新秩序。然而，人们无法超越自然的多产性和自身的视力限制。如此，为了同样能力低微且受限的人们而劳作的天才必然会选择自然中最美的部分，使其比自然还要完美，并且不得不制作保有自然感的东西。

只能明智而有见地地对自然进行模仿。不能对自然进行奴性的复刻。不能只模仿自然的表象，而是要模仿自然可能呈现的样子，应该以通过精神去了解自然的方式进行模仿。美的自然并不单单是既存的真实，还是可能存在的真实，是真正美的东西。

艺术让我们喜悦，让我们感动，引领我们向更完美的领域前进。但是如果模仿得不完美，那么喜悦中必然会掺杂着不快。为了能够将自然模仿得更加完美，必须具备两个性质。其中一个就是"准确"。准确性是模仿的规定。根据这个原则，选择、建构好样本，将其清晰地刻画在精神世界中。另一个就是"自由"。艺术中"自由自在地模仿这一伟大原理"的法则是让作品富有生气的规定。但是这一法则常常看起来是有违正确性的。多次损伤正确性之后，才能达成自由之法则（夏尔·巴托，《归结为同一原理的美的艺术》）。

一方面，自然可以被艺术准确复写；另一方面，其可以被艺术自由变形。若承认如此，则从根本上来讲，艺术便无法对自然进行精确再现。当然，在这种情况下，除了与外部的自然保持一致外，我们还必须设想将其作为艺术作品呈现出来。我们必须从内心深处将准确摹写出的自然同被自由变形的自然这两种不一致的自然设想为一个统一的自然。通过诠释巴托的思想，我们也能够发觉艺术是将"更深层次的自然"作为预想的对象。

但是，所谓更深层次的自然，并非指上述那种自然像一块石头那样存在于我们心中的一种固定的意象，也并不要求它与那种自然保持一致，若真做到如此，便是一种知性的态度。不存在选择将"外部的自然"作为标准的情况。更深层次的自然并非一种表象，而是产出种种自然——外部的或者是由艺术家所创造的自然——的源头，也就是所谓自然根源本身。它并非肉眼可见的那种自然，而是对其进行观察的东西，即视觉意志本身。所谓自然被摹写，是指视觉的意志将自然创造出来。视觉的意志"展现于自然之中"，在最深层的意思上指的是自然被创造。一部优秀的作品之所以饱受赞誉，可以说是这样的意志得以实现的结果。被指出有所欠缺，则是因为该意志未有体现。"观者"眼中的视觉意志，展现到"作者"眼中的过程，受到了各种各样的妨碍。艺术的精神只能通过作品表现出来，除此之外，别无他法。艺术精神是否得到体现，只能通过作品才会为人所发现。除该作品之外，再无进行评判的外部标准。批评的标准是无形的，不是作品之外另准备的一种别的东西。艺术的精神本身即标准，是观者内在的东西。从根本上来说，批评是一种主观的行为。

然而，也许会有人质疑：艺术批评就是说作品是什么样的。它必须要叙述真实。没有不具备客观性的真实。那些不立足于客观依据之上的、单纯凭借主观印象的批评，不过是空中楼阁罢了。

但是，这个质疑中存在一个先入为主的观念。那便是认为主观的印象本身不具有客观性。无可非议，主观的东西并不是客观的。然而，所谓客观，不就是指其适应于所有，即具有普遍必然性吗？而评论以此为出发点的思考是一种主观行为的说法，正是由一位评论家在作品中发现的问题。个人的发现果真不具有普遍必然性吗？若是如此，又为何展出美术作品、发行小说呢？人们容易陷入的误区往往是，认为若是没有逻辑的判断，便不具有客观性。然而，他们必须抛弃这种想法，必须注意到还存在前文提到的"无刺理论"或称为"自然推理"（La logique naturelle）这样的理论（纳阿基姆·加斯凯，《塞尚与加斯凯的对话》）。

事实上，正是根据这个内在的、无形的标准，不仅仅是艺术作品，即使是自然本身的存在也得以判定。它之所以被认为是与我们最接近、最亲近、具有坚定真实性的东西，并不是基于一种应算作主观印象的事实，如称其只是作为外部赋予的东西而存在的，而是因为将其呈现在我们的眼睛中的视觉意志，在最深的意义上，根本性地保证了它的存在。事实上，客观标准具备标准的意义，就是因为立足于这一内在标准本身的依据之上。

虽然艺术的批评是主观的，但却需要普遍性。康德的主观合目的性的思想已经对其进行了阐述，在休谟的趣味论中也能发现这一结论。我们发现，尝试继续诠释巴托的思想，看起来有助于我们更为清晰地了解它。据他所言，趣味的合理对象只能是自然或者类似自然的事物。除却赞赏美的自然这一唯一的良性趣味之外，不存在好的趣味。良性的趣味仅此一个。它同等地规定着自然与艺术。不表现自然的艺术无法称为完整的艺术（夏尔·巴托，《归结为同一原理的美的艺术》）。

当然，与自然类似的事物，也许指的是艺术，即手工做成的美的对象。不过再怎么与自然相似，究其根本，艺术并非自然。从根本上来说，这两种事物有着不同的形成经历。艺术由两方面构成，一方面"准确地"描写自然，另一方面"自由地"对其更改。美的自然之所以和与之有所差异的艺术同等地成为趣味的对象，并非由于单纯意义上的"自然的存在"，而必须因为它是"美的"自然。换言之，必定因为自然具有成为趣味对象的潜在能力这一特殊的构造。当然，应该预想到，将"艺术""自然"统一规定的趣味规则就在那特殊的构造里。如下文所示，巴托也在持续地进行思考。

拓宽我们的理念、从同一风格的或看腻了的对象所带来的麻木中唤醒我们的情感并给我们带来某种崭新印象的对象，在某个完整的阶段被展现出来的时候，我们的趣味将得到最大程度的满足。艺术令我们无比欣喜的原因正是如此。从这个原理我们可以发现，趣味所要求的不止于美的自然，更进一步，还要求美的自然要服从于趣味，与我们自身的完善、利益、兴趣有着最千丝万缕的联系，与此同时，其自身也要最完善（夏尔·巴托，《归结为同一原理的美的艺术》）。

当然，自然是最完善之物这一说法并不是由自然本身判定的，而必须由对其进行观察的人的主观来判定。巴托通过这个"完善"的概念表达了什么意思，或者应该表达什么意思，各位已有所了解了。我希望各位回想一下鲍姆加登的"完善性"理论，不想就这个问题赘言。那当然就是被视为最能调动我们兴趣、完善我们自身的自然。理所当然，我们称这种自然为某种特殊的、具有新的性格的、能给人以新鲜印象的东西，即能够拓宽我们的理念的自然。人们通过对巴托思想的正确诠释，必然会明白，作为趣味的正确对象的美的自然，及对其进行描绘的艺术作品，正是唤醒了人们的美的理念的东西。他本人也是这样说的。

有诗，有画，还有其他所有的艺术之美，以及完善的理想。人们通过精神能够了解完美无缺的自然有着柏拉图式的完成的终点。作品的等级通过它与这个点的距离被表示出来。所有类型的所有主题都必须具有这个理想。

"这部作品里有不足之处"这一论断是处于大部分范围内的判断。在这个判断中，当我们想要对艺术加以评判的时候，常常会拿着作品，然后将它与可指出创作主要缺点的普遍理念做比较。然而，对于第二个论断"这部作品丝毫没有应该展现的美感"，艺术的所有可能范围都必须在作家选择的主题中被人了解。这与最厉害的天才相一致。这一判断只能保留在最高等的精神上。

阅读布瓦洛①的《讽刺诗集》这本书，首章便使人倍感惊喜，这虽然能证明这是一本好书，但还不能证明这是一本绝妙的书。随着读书的深入，喜悦之感也在增加。跟随着作者天才般的文笔，我的品位也得到提高。当作者无法更上一层楼时，我的品位也停止向上。这本《讽刺诗集》带给我的情感成了

---

① 尼古拉·布瓦洛（Nicolas Boileau-Despréaux，1636—1711），法国诗人、古典主义文学理论家。最重要的文艺理论专著是《诗的艺术》（1674 年）。这部作品集中表现了他的哲学及美学思想，被誉为古典主义的法典。——译者注

我用来判断其他讽刺诗的规则。荷马、维吉尔①、拉辛等人的最优秀作品带给我们感动，我们把这些伟人身上无可比拟的品质糅合在一起，就可以形成无比优秀的理想模型。这将成为我们进行所有决策所要秉持的最高的可靠准则。美的理想是至高无上的法则（夏尔·巴托，《归纳为同一原理的美的艺术》）。

的确，存在以这样优秀的作品为标准进行比较从而判定优劣的情况，绝非少数。我本人也想起几例类似的经历。尽管如此，如果大家都认为趣味的批判全都是这种形式，并且认为批判多少带有客观标准，那就是应该警惕的错觉了。

巴托的言论明确地对其进行了解释。糅合那些伟人身上无可比拟的品质而形成的模型，也就是趣味的规则，并非伟人中任何一位的作品本身，而是仅以那些作品的某部分作为要素进行的一种再创造。当然，它不具有那些伟人作品一样的明确形态，或者倒不如说基本不具有任何形态，不过是不明确的、断片式的所谓"理想的片影"罢了，是那内在的自然或者美的根源的缩影。《讽刺诗集》所带来的情感也如出一辙。

巴托曾言，"完善的理想"是趣味的规则。完成的终点及所说的观点都与柏拉图的理念相似。无须特意提到柏拉图。只要被冠以理念的名义，它就不能是具有明确形态的"一种存在"。如此一来，即便根据巴托的言论来看，趣味的规则也无法是具有明确形态的客观标准。再怎么优秀的作品，其自身也不能直接成为趣味的规则。只有它作为这种理念性规则的一种

---

① 维吉尔（Publius Vergilius Maro，前70—前19），古罗马诗人。他被认为是世界文学史上最伟大的文学家之一。代表作品有《牧歌集》《农事诗集》《埃涅阿斯纪》等。其中，《埃涅阿斯纪》长达12册，是代表罗马帝国文学最高成就的巨作。——译者注

表现形式为人们所发现，才能具有规则的意义。批判的规则从根本上来说是主观的。

正因如此，它能够作为具有普遍有效性的标准而成立。真正无形的、具有绝对主体性的东西，才能成为被联想到存在于所有事物根基上的最为深刻的根源。

批评家的主观并非含糊笼统地讲述空话，而是作品本身引起了他们的主观批评。不存在离开静观的批评，也不存在离开作品的静观。如同作品规定着静观那般，静观也规定着批评。虽说批评是主观的，但作为普遍有效的事物，对大众的赞同，换言之，对大众的同一性进行要求，即从根本上将成为批评对象的作品作为"一部作品"的同一性进行要求。不为人见的绘画不是绘画。费肖尔①也曾说："不为人见的对象不是美的对象。"（费肖尔，《批判性思考之旅》）即使存在深藏于不为人知的地下室中、事实上历经几个世纪几乎都未曾被人看过的绘画，但只要它是"绘画"，从根本上便要求其为人所见。与之相对，从根本上来说，我们的"眼睛"就要求存在"应该看到的事物"。不设想艺术主观性的艺术作品，同不去设想应该静观的艺术作品的艺术态度一样，都只是单纯抽象的概念罢了。那些认为批评是主观的、所以不足以信赖的想法，就是源

---

① 弗里德里希·特奥多尔·冯·费希尔（Friedrich Theodor von Vischer, 1807—1887），德国哲学家、美学家。他从黑格尔美学出发，认为美是理念在感性形式上的显现，是理念和形象结合的统一体。但批评黑格尔过分注重内容（理念）方面，认为美之所以美，就在于如何表现内容，即在于形式。美必须具备质的契机和量的契机，前者包括多样性和对立性，后者包括规则性、均衡、对照等。晚年致力于心理学研究，把移情作用看成"对象的人化"，称之为"审美的象征作用"，成为"移情"说美学理论的先驱。主要著作有《美学》（6卷，1846—1857年）、《批评论丛》（1863年）、《论象征》（1873年）等。——译者注

于对这一艺术具体内涵不够了解。

从根本上来说，一部艺术作品，不同的人看到的完全不一样。换句话说，这部作品不仅仅是那些被看到的部分，也包含未被他们看到的某些部分。一部艺术作品包藏着无论多少双眼睛都无法看完的事物。我们先前注意到，即使是创作它的艺术家自身，如果放下制作用的凿子或者笔，站到观赏者的立场上，其实也不过是一名公众而已。如此，其实无他，事实就是他的作品也蕴含着未被作者自己发现的事物。正如布吕纳介曾说过的那样，我们甚至经常在一部作品里看到连艺术家本人都未曾意图表达的东西。我们触碰到那种最深层的、超越有意识的意图之外的意图。一部作品，不论它是何种形式，都拥有永远不可被解读完的、无限的内容。艺术家本人展现的有意识的创作意图，只不过是在他创作过程中发挥作用的艺术精神的一个侧面而已。

再换句话说，不就是艺术家也可能从他人那里得到关于自己作品所表现出的内涵的指教吗？

然而，评论家的指教，对于很多艺术家来说，只是徒劳的、绝不予以认可的自大之言。歌德在赞赏一位评论家仅仅满足于诉说对某一作品的作者的追忆，而"没有试图去攻击他的诗歌的原则"时，提到另一位评论家，指出那人想要指挥诗人该走什么路。这么做大错特错。靠这种方法并不能对诗人进行匡正。总而言之，人们绝对无法改变自然赋予诗人身上的样子（爱克曼，《歌德谈话录》），就像许多例子展现出来的一样，讲述者的名字也许是说服人们接受它的最有力证据之一。这与布吕纳介的观点几乎是完全相反的。宛如要证明这一切，米勒①曾经给桑西埃②写信说："我无法听从那些'似乎富有教养、爱好丰富'评论家的话。"（卡西尔，《十九世纪艺术家的书信》）我无法认同技巧都不知道就进行艺术批评的行为。而且，福楼拜③也曾解释过批评等会变为何物（福楼拜，乔治·桑，《福楼拜与乔治·桑的通信集》）。除此之外，还可以举出很多人的例子，但在这里先省略不提。

正如这些例子说明的一样，那些了解艺术根本意义的人很容易就能理解，多数艺术家虽然都确信评论家能指导艺术家不过是不应该有的自大之言，但那种确信其实也不过是毫无根据的断言罢了。这是源自艺术最深根源的、无可撼动的事实。

在巴黎卢浮宫博物馆的画廊里，陈列着提香④的一幅名为

---

① 让-弗朗索瓦·米勒，（Jean-Francois Millet，1814—1875），法国近代绘画史上最受人民爱戴的画家之一，19世纪法国最杰出的以表现农民题材而著称的现实主义画家、法国巴比松画派画家。以乡村风俗画中感人的人性在法国画坛闻名。代表作品有《拾穗者》《播种》《死神与樵夫》等。——译者注

② 阿尔弗雷德·桑西埃（Alfred Sensier，1815—1877），生于巴黎，艺术经纪人和收藏家，米勒的赞助商、代理人。——译者注

③ 居斯塔夫·福楼拜（Gustave Flaubert，1821—1880），法国作家。福楼拜的成就主要表现在对19世纪法国社会风俗人情进行真实细致描写记录的同时，超时代、超意识地对现代小说审美趋向进行探索。福楼拜的"客观的描写"不仅有巴尔扎克式的现实主义，又有自然主义文学的现实主义特点，尤其是他对艺术作品的形式——语言的推崇，已经包含了某些后现代意识。19世纪自然主义的代表作家左拉认为福楼拜是"自然主义之父"；而20世纪的法国"新小说"派又把他称为"鼻祖"。代表作品有《包法利夫人》《情感教育》《布瓦尔和佩居谢》等。——译者注

④ 提香·韦切利奥（Tiziano Vecellio，约1489—1576），又译提齐安诺·维伽略，英语系国家常称提香（Titian），意大利文艺复兴盛期威尼斯画派的代表画家。在提香所处的时代，他被称为"群星中的太阳"，是意大利最有才能的画家之一，兼工肖像、风景及神话、宗教主题绘画。他对色彩的运用不仅影响了文艺复兴时代的意大利画家，更对西方艺术产生了深远的影响。代表作品有《乌比诺的维纳斯》《圣母升天》《神圣的爱神和渎神的爱神》《爱神节》等。——译者注

《梳妆的妇人》的画作。画中展现的是一位穿着露肩衣裳的半身妇人——劳拉·狄安提，她那丰满的体态明显受到了米开朗琪罗风格的强烈影响。她那美丽的脸蛋向画面左边即自己右边微微低垂，浓密的长发搭在右肩上。妇人弯起像米开朗琪罗展现的女性形象一样结实的右胳膊，把头发握在右手里，美丽的嘴唇紧闭，双眼直视着一个方向。看起来似乎没有注意到外面的事物，而是正在直视自己的内心。她的左手显露在画面的右下角，手指搭在一个小小的罐子上。食指盖在罐口，中指则放在像苹果般圆润的罐肚上。

妇人一直朝向自己的右方。一位绅士——来自费拉拉的阿方索凑在那儿对她说着什么。只有绅士的鼻尖、部分头发和右额角被日光照射，其余的部分都淹没在室内的阴影之中。阴暗中，只能略微分出绅士的眉毛和低垂的双眼。他的右手举在妇人肩膀的高度，手中似乎还拿着什么东西，可能是一本书或是别的什么，但光线太暗无法分辨。

微光之下，从二人的脸庞中间，可以看到绅士高耸的肩。绅士抬起左肩，将胳膊伸得很高，他的手搭在位于妇人头后方，也就是画面右侧的一个隐约可见的椭圆形轮廓上。椭圆形的穿衣镜就立在她的身后。镜面一片漆黑，其中仅有一处画着代表强烈光照的白色色块。关于这点白色色块，我想和大家说一说。

我曾多次参观卢浮宫，站在这幅画前欣赏时，看到过三位女性画家相继努力地摹写这幅画。在画漆黑光滑的镜面的时候，这三位画家都不约而同地用一点强烈而耀眼的白色笔触点缀其中。毋庸置疑，这白色的斑点正是镜子所反射出的强光。

但是，细细观察画上这点白色色块便会发现，它稍稍朝右下方倾斜，上方和左右都有明确的直线轮廓。虽然左边角落稍稍塌在一起，但右边角落画着的几乎是个方正的直角。还有下方轮廓连接着左侧稍长的线条和右侧线条的两端，构成了平缓的弧形。然而，未有一位画家精确地摹写出这个形状。她们都只是添上一抹白色笔触而已。

这点必须细致地摹写。它并非单纯的镜面上的光。画成一个直角的三条直线是窗户的轮廓。下方的弧形则是妇人的头部映照所致。白色色块也象征着晴天。画中妇人是站在窗前的。其中放着罐子、从下边框往上隔开妇人上半身的一个水平的台面可能是窗户前的化妆台，但其实——现在也有这种说法——可能就是窗框本身。这幅画的构想是表现从外面看到的景象。仔细看漆黑的镜面便能发现，在头后方对应位置的镜面下方，能看到微弱的扇形淡白色的表面，刻画的便是女性从后肩向下露出的背部。三位画家都未精确地摹写出这点白色部分，不仅如此，映在镜子里的肩部及背部的细微姿势也没能描绘出来。她们甚至全都没注意到窗户、天空以及画中女性的背影。又有一天，我正巧碰到一位青年画家在对这幅画进行摹写。在那幅临摹画里，这些色彩及形态都被淋漓尽致地描绘了出来。在主人公后面放置穿衣镜、让其背影倒映在镜中的画法是绘画的非凡意义之一，该画法使得杨·凡·爱克①于 1434 年所画的名

① 杨·凡·爱克（Jan Van Eyck，约 1385—1441），又译扬·凡·艾克，尼德兰画家，是早期尼德兰画派最伟大的画家之一，也是 15 世纪北欧后哥德式绘画的创始人，尼德兰文艺复兴美术的奠基者，油画形成时期的关键性人物，因其对油画艺术技巧的纵深发展做出了独特的贡献，被誉为"油画之父"。代表作品有《根特祭坛画》《阿尔诺芬尼夫妇像》。——译者注

为《阿尔诺芬尼夫妇像》的作品以最具智慧构思的惊人先例（伦敦，英国国家美术馆）的身份超越了提香的这幅画，并传承到委拉斯开兹①的作品《宫廷的妇人们》中。这位青年画家确实看透了这样含有历史意义的绘画对象。

比起千言万语的论述，这不更道明了事实吗？我不过是一个外行人，外行人清晰看到的事物，身为画家的她们却看不到。批评家指导艺术家这一行为，果然如绝大多数艺术家坚信的那样，只不过是自大自负吗？

事实上经常是这样：我们十分了解一部作品想要描绘的是什么，但实际上却看到没有画出来的例子。一幅画中两人相向而立。通过画中他们脸的朝向、上半身的姿势、其中一人轻轻向前扬起的手，我们非常清楚画中所描绘的是经过长久别离之后终于相见的两个人惊喜之际忙于交谈的场景。然而，事实上，他们充满喜悦的谈话在画中基本上"看不见"。原因很明了。他们的脸是相对的。但是，其视线没有交集，而是偏向一旁。之所以说在画中看不到两人"交谈"，并不是说它没有提供与现实生活经验相匹配的内容，而是意味着从眼睛观察的直接经验来看，看不到两人之间精神的结合。画家并未注意到这一细节。就视线的方向来说，他不具有敏锐的洞察力。不能说画家欠缺敏锐观察力，也不能说从一开始便没有想要画它的打算。他想要描绘出两人惊喜地交谈的情景，确实已经被十分清

---

① 迭戈·罗德里格斯·德·席尔瓦·委拉斯开兹（Diego Rodríguez de Silva y Velázquez，1599—1660），17世纪巴洛克时期西班牙画家。塞维利亚画派代表人物。擅长自然主义风格画。主张真实地描写现实，善于表现人物的性格特征。代表作品有《酒神》《腓力四世之家》《纺织女》《教皇英诺森十世肖像》《勃列达的受降》等。——译者注

晰地描绘了出来。而观赏者自然而然被引领着注意到画中人物的眼中呈现出的紧张感。他们不是任意地导致这种结果，而是因为作品本身所呈现的东西自然而然地要求观赏者去察觉，这就是构成这部作品根源的自然所要求的。

我们经常会发现，某部作品只会稍微引起我们的兴趣，而有的东西却会直达我们的内心深处，经历过这种情况后，我们会认可后续作品更深层次地满足我们的艺术要求。到那时我们不会拿它和以前看过的东西进行对比，也不会基于某种现有的规则对其进行评判。作品给予我们的经验才是起到决定性作用的。我们的艺术精神，表现为我们对美的本质倾向，决定了我们对作品的观感。我们听从内心深处的声音对作品予以肯定，如此一来，那就不局限于某一个人，众人都会同意，像是超越意识的确信无疑。所谓内在标准就是这么来的。

事实上，无论是赞赏还是批评一部作品，其本意都是在讲述按照要求表现出的内容或者尚未表现出的内容。这个可探查的要求也是作品得以成立的原因，而且它既针对作者也针对"观者"。对作品的讲述针对的是建立在该要求之上的上层建筑。"背后的根基"就是对作品的无限意志。作品应通过这样的意志被创造出来，成为有无限可能的作品队列中的一员。这种可能性的表达形式无法被预想，只有通过创造出来的作品才能得以了解。我们通过看一部作品，只能预想到另一部应该在根源上与它有关联性的未知作品。换句话说，作为一部特殊的作品而拥有自己的空间性（即存在性的本质形态）且被限定在其中的，本质上是对"并非如此的其他作品"的预想。它是在对一部作品进行赞赏与批评的多种不同方式中，描绘出与这部作品一起构成队列的"其他作品"的草图。从这种意义上来说，批评家也是创作者。

　　它所考虑的并不只是一个对象，还可以是更高层次的主题选择。一个事物具备两种存在形态，其一是空间形态，其二是时间过程。一个事物总是显示出自身特有的颜色及形状，存在于空间的某一位置。其颜色和形状随着时间而产生某种变化。这是该事物存在状态的变化，即一种"事件"。好比一块石头，它的颜色和形状至少在我们眼中是不发生改变的，即便如此，它在某个时间点上的存在也是一个天然的事件。观察一个事物的时间存在往往是在观察一个事件、一段历史过程。事件只有在文艺、戏剧里才是被创作的对象。在不具有时间概念而只有空间概念的美术世界，它无法被表现出来。雕刻、绘画这种纯粹的形式本质上无法描述历史或者故事。绘画所能描绘的只是这个事物在其存在的时间中的一种空间形态。当然，绘画要预想到一个问题：成为绘画的对象的事物，要在它存在的时间中的什么形态之下去进行创作。可以画一朵花的花蕾，也可以画百花齐放的景象，还可以画花凋落以后的样子。一个悲剧，既可以在未发生前的和平境遇下找到，也可以在令人心碎的悲剧中找到，还可以在没落之后的忧郁中找到。

　　在这里，我们所探究的是关于主题的选择。也就是探究一个对象的存在形态中、被选定的形态表达了何种艺术意图，哪种形态又能够表达更多的艺术意图。在探究的时候，要预想到刻画出来的东西随着时间流逝而产生的各种存在形态皆是为人所知的。看到画中的花蕾时，为了探究这种选择是否值得赞赏，就要能够欣赏花朵娇艳绽放的美丽光景，也要懂得花朵凋零之趣。这是理所当然的预想。时间长河中的存在都是一种历史。历史是过去的知识。主题的问题就是从根源上通过描绘出来的部分内容来预想整体的情况。这一点在历史、传说、文艺事件等所有文艺主题方面始终都是一样的。

视觉艺术应是始终纯粹地忠于观察的艺术。尽管如此，为了进行创作和静观，我们需要有更多的知识储备，这是因为要尝试超越空间世界去欣赏时间世界。记录历史的雕刻和绘画的位置介于美术和文艺之间。

一幅画所描绘的主题是花蕾。那么为什么不画花开遍野、绚烂绽放的美好光景呢？公众是无法从作品本身的内容中一探究竟的。这时，一位评论家发现了可以明确体现出画家本人意图的东西：花蕾的画中出色地描绘了盛开的花朵无法让人预想到的典雅之气。公众通过这位评论家的评论应该也可以理解画家的意图了。

也有与之相反的情况。画家想要画一幅有关"恐怖"的作品，为此他准备了一段丝绸，同时，还选取了一个广为人知的故事作为绘画的对象。故事中既有恐怖激烈的场景，也有优美的场景，还有凭借敏锐洞察力才能看到的或者只有在名角高超的演技下才能表现出来的厉害画面。画家将恐怖激烈的场景出色地画了出来。这幅画得到了数位批评家的赞赏，也得到了世人的认可。

然而，也有一位批评家认为比起这个场景，其实应该去画那个厉害的画面。他认为画家并没有注意到这个故事最应该描绘的场景。

可是，那样的批评只不过是他个人的窃窃私语吗？画家本人并不想画那个场景。那么，提出这样的要求会被看成批评家的任性而受到谴责吗？画家以此为主题，是为了追求其中所体现的"恐怖"之美。"恐怖"指的是否定性力量的崇高美。在这个概念下，可以划分出各种类型。恐怖、严酷、激烈以及其他各种类型都可以被列举出来。在伏尔盖特①的分类中，与其他类型的美相似，对于否定性的崇高美也是最精确的（伏尔盖特，《美学体系》）。

"惊恐"是在所有的恐怖之中最令人生畏的类型。无论是单纯的恐惧、严厉，还是其他形态的恐怖，都已经被明确地限定了内容。"恐怖的东西"明确地表达了它们的全部形态。与之相对，"惊恐"是不可预知的。虽然其部分形态作为表象是有明确限定范围的，但它还向黑暗的隐秘深渊无限延伸着。与隐秘深渊的关联便是深度。"惊恐"是具有无限深度的恐怖。没有深度的美是不存在的。但是，具有明确形态的事物的深度被其形态自有的深度所限制，实际上变为一个有限物。虽说是"惊恐"，即在恐怖层面有无限深度的事物，但只要它是一个对象，那么当然也是有限物。"无限的事物"是不存在的，所有存在的事物都是有界限的。如果说一个东西具有无限的深度，那么其实是说这个对象的构造本身与无限的事物相连。

一种视觉存在因其特有的轮廓而成立。轮廓在内规定了视觉对象的表面，在外预想出其无限的背景。在轮廓所限定的事

---

① 伏尔盖特（Johannes Volkelt，1848—1930），德国美学家、哲学家。认为美学的主要方法是内省的心理学的方法；美是一种人类的伟大价值；审美价值是绝对的、无条件的、非功利的自我价值；移情包括对人、对物的移情，是审美经验、情感的基本特征。代表作品有《美学体系》《悲剧美学》《经验与思维》《审美意识论》等。——译者注

物的表面上能够看到形成更多阶段的部分轮廓。在这些轮廓中，被其限定的一部分与该部分的背景间的关联得以成立。

在内涵丰富的空间里描绘无限的事物，要描绘出未被明确限定为单一事物的空间，也就是要描绘没有轮廓的空间。但并不是完全不描绘轮廓。没有轮廓，"绘画"的世界无法成立。某物或物的某部分可以依据自身的轮廓明确地被画出来。与之密切相关但不具备轮廓的空间可以作为事物的存在方式被描绘出来。轮廓用物体表面的圆润弧度来描绘。并且，仅仅能看到轮廓的一部分，几乎看不到任何细节，因为它的表面覆盖着深深的黑暗。明亮的表面上画着一个轮廓清晰的竖长的长方形。这个长方形是画在墙上的窗户。这扇窗户有着清晰的轮廓，透过窗户看到的室内是个浑然一体的昏暗空间。在塞尚的风景画中，类似这扇窗户的例子有很多。伦勃朗的作品中也有很多初创的例子。众所周知，他们的作品数量极多，并且具有无限的深度。

那种"令人惊恐的东西"为什么作为作品主题一定优于其他恐怖的东西呢？惊恐是无尽的恐怖。无限的事物就是无法被限定的。无法被限定的是限定的可能性，即对限定的要求。所谓无限恐怖，就是对恐怖的无限要求。无限的恐怖被描绘出来，指的是这一无限的要求确立为人眼可见的对象。同时，也是指人眼要求看到无限的深度。有深度的东西仿佛和我们的眼睛没有关联而兀自存在一样，只是偶然为我们的眼睛所需才展现出来，其实并非如此，而是深层次的要求本身被描绘了出来。除了眼睛把它看作"深度所需的事物"外，还可能有其他的见解吗？将其作为主题进行描绘，不仅仅是评论家的要求，更是艺术精神本身的根本性要求。这也许是评论家关于这个主题给出的理所应当的答案吧。

对艺术作品的赞赏和对其缺点的提醒或指责，是艺术批评中区别各种变化的两种根本形态。这些形态被应用于艺术展览会上展出的作品时，被称为"评鉴"。它是一种判断，意味着把值得赞赏的作品如艺术家所希望的那样陈列出来，被指出有瑕疵的作品则不予陈列。这种意义的批评形态对艺术事实来说有何意义呢？评鉴真的应该被人们所认可吗？

观察事物作为根本的视觉表现，是拥有双眼的我们在最深层意义上的超意识的意志，意志是应该要实现的。雕刻、绘画以及其他各种视觉艺术存在于我们的生活中，是建立在我们睁开眼睛看事物这一根源性的事实基础上的不可规避的事实。这和音乐起源于听觉、文艺扎根于语言是一样的。只要人类存在，就一定会进行艺术创作，只要被创作出来的艺术是绘画、雕刻以及其他视觉艺术这样的"可视之物"，本质上就应该对其进行观察。同理，音乐是需要被听众听的，文艺也是需要被读者品读的。这是所有艺术的根源性要求。当这些深层次要求体现在个人身上时，我们就可以称之为"艺术的良心"。我们从根本上承担着艺术的深层次要求，并且无法卸下这个担子。既然这样，这种要求在我们的生活中，当然是一定会实现的。话说回来，艺术家也必须按照艺术的良心所要求的那样进行创作。公众也必须像作品所要求的那样去欣赏。正如公众期待艺术家的作品一样，艺术家也必须去预测公众的想法。不预测公众想法的艺术家和不设想制作材料的艺术家一样，都只停留在抽象的概念上罢了。

从根本上说,"艺术家"必须创作艺术作品。不创作作品的艺术家是不存在的。他们必须向公众展示他们的作品。艺术家向公众展示作品的做法是基于艺术精神最深层次的要求进行的根本性设想,而不是仅从外面附加在其创作上或白白令人烦恼的事实情况。遵从这种要求,指的是遵从艺术的良心,而不是其他任何东西。

各种艺术展览会都是带有这层含义的艺术本质事实。艺术的精神必须实现。带有这层含义的展览会,必须是为了真正实现这种意志而举办的。当然,艺术家也必须展出相应的作品。"艺术家"不在"艺术展览会"上"展出作品",严格意义上来说这意味着什么,不是很容易理解的吗?当然,在现实中个别的情况下,艺术家不喜欢展出自己作品的原因也许也是值得肯定的。举个很清楚的例子,如几乎不了解展览会本来含义的主办方举办的展览会无视了艺术家的意志和创作情况。相反,如果美术家仅仅由于庸俗的兴趣,或者因为各种私人情感,就怠于展示作品,或者拒绝展示作品,那么就是对艺术根本要求的无视了。

我殷切地希望艺术展览是为了实现它真正的意义而举办的,是在艺术的根本意志和存在于艺术家以及公众的意识里的艺术良心的名义下举办的。如果不是对这一根源性意义有所觉悟,恐怕任何设施、任何改良都不会产生效果。

然而,如果在展览会上展出艺术作品是艺术深层次要求所规定的本质义务,那么必然结果就是按照要求展出的作品必须全部被陈列起来。如今一般采用"评鉴"的方法否定某些作品的陈列,这不正是对艺术本源精神的无视吗?由于展览会场较小，把所有的展品都陈列出来是十分困难的，因此才进行评鉴，难道还有主办方会这么说吗？把评鉴归结于如此肤浅的外部原因，无疑是令人无法信服的重大谬误。既然为了实现艺术精神而举办展览会，难道不应该为了能够陈列所有的展品而建设足够宽敞的会场吗？艺术的评鉴从根本上就被认为是不合理的。

然而，真的是这样吗？评鉴只是由于这种肤浅的外部原因才进行的吗？难道没有更深层的理由吗？我们必须把这个问题弄清楚。

艺术所表现的对象即广义上所说的自然，都是自然的名义下具有特殊艺术意义的事物。一幅画是线条和表面的统一，而线条和表面的形态则具有前景和后景关联产生的无限多个阶段。换言之，它具有无限的广度和从根本上与之相关的无限的深度。一位画家产生的视觉意志通过个体根源上的有限性即他特有的艺术风格，来观察相关的事物。因为那是视觉的体现，所以从根本上必须是"可见之物"，视力正常的所有人都应该看得见。视觉的体现被画成一幅画，就是指这种普遍性有了具体的形态。所谓观察相关的事物，从根源上说是设想自己不看除此之外的其他事物，是在设想为了一位画家有所发现，其他的画家就没有去看。然而，忽略掉不相关的东西也是必须注意的。"不相关的东西"就是不会成为"观察对象"的东西。"不相关的东西"之类的自然是无法存在的。存在的东西都是具有某种特殊视觉构造的已被看到的东西。一位画家看见的东西仅仅是在他固有的风格影响范围内看见的东西。除此之外，那样的眼睛看不到其他任何事物。其他画家发现了什么，在那东西被观察、被描绘出来之前，是绝对没有办法看到的，也不可能知道它们的存在。已知的都是存在了的东西。人们无法得知尚未被创作出来的东西。只有已经被创作出来的东西才能为人所知。为人所知的东西都是"过去的东西"。

被看见的东西是已经被创作出来的东西。被创作出来的东西具有已经实现的视觉普遍性。从根本上说，被创作出来的是眼睛所看到的。必须预想到所有人都将看见它。然而，预想到并不是看到。一件"被创作出来的东西"是无限阶段的部分统一体，拥有无限的广度和深度。每个人的眼睛都持有不同的见解，也即风格，但限于根本上的有限性，无法把那些部分全部看完。有的人眼里看到的东西，其他人未必看见。有很多因素会左右什么样的部分会被一些人看见，什么样的部分不会被一些人看见。因为那是不可预知的，这个理由很容易被理解。已知的东西仅仅是已经被看见的东西。从这个事实出发，能立刻预想到的是，一位画家或者批评家所发现的东西，对于他们来说已经司空见惯，但可能还不足以拿给其他人看。提香的画作没有被三位女性所重视，这个事实是根源性视觉现象的一个明晰的例子，类似的情况在无限多的场合中都可以预见到。

视觉是"看"的深层意志，不是主导"不看"的意志。作画的意志是要把应该被看见的东西画出来，而不是不去画。一位画家画一幅画，指的是他在自己特殊的创作风格中，把其他画家没有发现的东西画出来。那必须是其他人还没有看见的东西，是最初发现的东西，是"新东西"。其他人已经看习惯的东西就不是他的发现了。如果一位画家仅仅止步于沿用其他画家的创作对象，那么无论他画出多大篇幅的作品，实际上也是什么都没有创作出来。

而且，必须区分各种不同阶段。作品的创新性可以体现在主题的选择上。主题是有先例的，但用来表达主题的画面可以是全新的。有的时候描绘对象的形状和颜色是新的。在这些事物中，哪怕只是一小部分，也会发现极其微小的新要素。正如在无限的阶段中形成的部分和将其统合后形成的更高部分里发现的新要素一样，在观赏者眼中，他所发现的新事物就是作为更高层次的新事物被发现的吧。反之，新事物的发现就会被评价为微不足道吧。

各位需要注意的是，评鉴是能够明确地区分开这两种截然相反的情况的。由此看来，评鉴难道不正是艺术精神自身的根本需求之一吗？它不应该单纯地成为弥补因为会场太小而又疏于扩建这种事情的借口。评鉴否决参展作品的陈列，就是向美术家宣布他的作品很不幸没有陈列的价值。但无论是哪种作品，都不能被认定为完全没有新发现。这就意味着所有的作品也许都应该被陈列。尽管如此，从评鉴的角度来看是不予认可的。评鉴组织通过参与者的眼睛审视艺术作品，是评判艺术作品的眼睛，即视觉舆论的代表，这一点是需要特别注意的。评鉴是对作品是否应该被陈列展示的判定。它不是站在艺术家的立场上去判断是否应该创作作品，而是要判断这部作品是否应该展示给公众看。历史上，评鉴机构由众多的艺术家组成。然而，评鉴机构里的艺术家并不是站在创作艺术的立场上，而是站在公众的立场上作为艺术的"观者"去审视作品。当他们观赏画作的时候，不是从艺术家的角度去看，而是把自己当成批评家去进行判断。也就是艺术家变成了批评家。只要具备批评的能力，他们便可以加入批评家的行列。从根本上说，评鉴是批评家的任务，也是关心艺术的社会本身发出的声音。

如果一幅画的陈列并没有被具有这样意义的评鉴以正当理由承认，无论这幅画是怎样的鸿篇巨制，无论画家倾注了多少心血，实际上，这幅画都算不上是一幅真正的画作。因为无论是从主题、构成还是从各种绘画意义上来说，这幅画里的内容都是人们已经司空见惯的看法或者在很多作品中已经反复被描绘过，即它不具备任何"最初发现的新东西"。在这幅画中，没有那种独到的见解，换句话说，他没能画出"自己的内容"。没有画出来的东西不能被称为绘画。不能被称为绘画的东西当然也不能以绘画的名义陈列。诚然，其中能或多或少发现一点"他自己的内容"或者他自己的风格创造的内容。但那是因为和他人的作品有一丝丝的联系才被注意到的。其中并没有"他自己所见之物"的统一体，也没有一个生命或者精神统一体，没能实现一种特有的视觉构造。这样当真能称得上是真正的绘画吗？所以鉴定不予认可是理所当然的。

即使不沿袭旧的绘画观点，而是以他特有的风格来描绘，但如果没有描绘出应该看见的生命、精神，那么画出来的东西得不到陈列的许可也是很好理解的。前文也提到了，如果通过一幅画可以察觉到画家想要描绘的意图，但那意图却没有以画面内容的形式实际描绘出来，就会被判定为"无聊的东西"。因为，没画出来的东西就不是绘画。

然而，现实的评鉴也许不会如我们所想的一样进行。仅仅通过回顾 19 世纪画家大师的沙龙实例，就可以清楚地看到，评鉴者的视力状况、他们对待艺术的态度以及其他各种各样的情况，都可能影响评鉴的正常实施，从而歪曲评鉴的结果。会场狭窄难以避免这一实际情况也是其中一个因素，而且在现实生活中不能完全排除。世界并不是仅仅为了艺术生活而存在的，其他生活因素必然会对此产生影响。正因为可以预想到这些情况，所以艺术不能被评鉴这种想法是不能成立的。布吕纳介也曾说，这和不能因为担心批评家出错而否定批评的存在是一样的。

二、艺术史学家关于美学的若干误解

错误的评鉴导致了优秀的作品被拒之门外。无论是对其他评论的赞赏还是指责，错误的结果一定会随处可见。不仅限于狭义的评论，在包含全部艺术史美学的评论中，与之类似的事实也绝非少数。不仅在布吕纳介所说的那些能否被称为真正的批评家都成问题的人中，即使在著名的学者中，也经常可以看到这样的例子。我们经常能发现不符合艺术事实的观察和基于此的错误解释。下面我从部分杰出艺术史家的偏见事例中选取若干案例进行探讨，他们由于对艺术史及与之相关的美学史的基本事实观察不全面而产生偏见。我认为通过研究这些谬误出现的情况，剖析产生的原因，可以进一步加深对真正的批判方法的了解。

在迄今为止的众多美学家中，伏尔盖特对美的类型做过最细致的记述。他曾说，美的领域内"美的东西"应该占支配地位这一陈旧的偏见，在如今的美学中依然延续着（伏尔盖特，《美学体系》）。

沃林格①在《哥特形式论》一书中进一步强化阐释了美学对美的态度的观察。他认为，迄今为止古典艺术的理想，即"对自然进行艺术式的再现"成为判定艺术价值的决定性标准，艺术表现出了生命的那种真实和自然则是艺术的进步。他还认为，异样、不自然的表达是艺术家能力不足的结果。

然而，这个延续了几个世纪的想法实际上是错误的。描绘自然的能力对于艺术来说只不过是次要的契机。用来决定艺术价值的更重要的标准是这部作品真正的创作规定，即"艺术的精神"。在过去的艺术里被认为是能力不足的作品，事实上是由没有限定我们的其他艺术精神创造出来的。认为所有的艺术都源于相同的精神是错误的想法。

以往的美学只着眼于古典的东西和美的东西。然而，哥特式艺术和这样的美完全不同。为了真正地了解这种艺术，我们必须摒弃以往支配美学的美的概念，尽力只用风格心理学的方法去解释它。只有这样，我们才能够了解哥特式艺术特有的感觉和它作为艺术的外在表现形式之间的法则性关系。那才是对哥特式艺术的真正了解（沃林格，《哥特形式论》）。

美学误以为古典美是艺术的唯一目的，并倾心于对其的研究。然而，哥特式艺术和这样的美没有任何关联，是在与之不

---

① 沃林格（Wilhelm Worringer，1881—1965），德国艺术史家、美学家。1911年在《狂飙》杂志中撰文，首次提出"表现主义"一词。作为表现主义的代表人物，对于早期英国现代主义艺术特别是旋涡主义画派产生影响。其著述以《抽象和移情》《哥特形式论》影响最大，在当时德国表现主义艺术团体中反响强烈，波及整个欧洲。首次阐述了艺术中的抽象原则，充分肯定抽象主义的地位和价值，将其与现实主义艺术相提并论。这一艺术批评标准影响到第一次世界大战前的欧洲艺术，为20世纪艺术中的抽象运动奠定了基础。著作还有《希腊文化与哥特艺术——论古希腊文化的世界性》。——译者注

同的艺术精神下成立的。沃林格在他的名著中论证道：我们无法通过以往的美学弄清这种艺术的意义。这本名著和先前伏尔盖特的著作——恐怕是碰巧——几乎同时在 1841 年出现。然而，这种思想不是他们第一个提出的。库格勒①在 1841 年出版的《艺术史纲要》（库格勒，《美术史手册》）中，根据鲍姆勒尔②的介绍，以题为"早期发展阶段的艺术"的一章为开篇，认为古代北欧或者大洋洲、墨西哥等地的原始艺术都照耀着美的形而上学的光芒，在历史意义上都可以作为艺术去考虑。"事到如今，艺术已经不再被解释为美的理念的具象，而是变成了综合民族、国民、时代、物质，以及技术制约的因素创造出来的历史性个体。"（鲍姆勒尔，《美学》）

　　然而，不幸的是沃林格的想法让我们难以苟同，不赞成的人持两种观点。哥特式艺术果真如沃林格所说的那样，和古典美无关吗？13 世纪法国的哥特式大教堂的雕像应该被看作哥特式艺术的巅峰之作，从中能找到格外显著且最高雅的古典之美。我通过其他机会，根据这样显而易见的事实，得出了这样的结论——不幸的是沃林格的思想与哥特式美术史并非一致。（《思想》第 106 号）但还没等我尝试进行论证，他自己就在之后，即 1928 年发表的名为《希腊文化与哥特艺术》的著作中清晰地对之前的说法做出了更正。

　　他首先认为哥特式艺术的根本概念是"自然风"与古典性。这一想法完全否定了之前的论述。也就是说，按照这种新

---

　　① 弗兰茨·库格勒（Franz Kugler，1808—1858），德国学者，近代意大利文艺复兴艺术史研究领域的奠基者之一。代表作品有《美术史手册》。——译者注

　　② 阿尔弗雷德·鲍姆勒尔（Alfred Bäumler，1887—1968），德国哲学家、教育家。早期研究主题包括德国古典哲学家康德和黑格尔的思想。——译者注

的观点，即使在法国沙特尔市教区大教堂柱子上的雕像那样由于建筑样式上的制约而被范式化、精神化的作品中，那种自然风格的东西仍然是通过栩栩如生的感受性才变为真正的哥特式艺术。在拜占庭艺术那样的形式主义中依然没有湮灭，而是沉睡了的希腊艺术遗产，通过法国国民性的觉悟，以哥特式这一新欧洲感觉主义的身份，在新时代的土壤中被重新唤醒。哥特式艺术正是诞生于对希腊艺术遗产追念的精神中。新式希腊艺术就是法国的古典精神。古典性是感受性与精神性的融合。在位于沙特尔大教堂正面中央圆顶楣窗的《威严的基督》中，这种法国古典精神诉说着极其纯粹、清晰的和谐之语，已经确立了后来的富盖①、拉辛、普桑②、莫奈③等画家应使用的创作语言的根本结构。它是以感受性与精神性调和在一起为形式的话语传达。这一点实际上才是体现西欧最大发展史意义的哥特

① 让·富盖（Jean Fouquet，约 1420—1481），15 世纪法国画家的灵魂人物之一。也译富克盖。为法国宫廷工作，1475 年成为法国国王的指定画家。他以法国宫廷肖像画和《犹太古史》和艾蒂安·雪弗莱的《祈祷书》等手稿的插画而著名。——译者注

② 尼古拉斯·普桑（Nicolas Poussin，1594—1665），17 世纪法国巴洛克时期重要画家、17 世纪法国古典主义绘画的奠基人。普桑的作品大多取材于宗教、历史和神话故事。画幅虽然不大，但是精雕细琢，力求严格的素描和完美的构图，人物造型庄重典雅，富于雕塑感；作品构思严肃而富于哲理性，具有稳定静穆和崇高的艺术特色，他的画冷峻中含有深情，可以窥视到画家冷静的思考。代表作品有《阿卡狄亚的牧人》《圣玛利亚的安眠》《花神王国》《七件圣事》《所罗门的判决》《利百加》。——译者注

③ 克劳德·莫奈（Claude Monet，1840—1926），法国画家，被誉为"印象派领导者"，印象画派创始人之一。法国最重要的画家之一，印象派的理论和实践大部分都有他的推广。擅长光与影的实验与表现技法。他最重要的风格是改变了阴影和轮廓线的画法，在莫奈的画作中看不到非常明确的阴影，也看不到突显或平涂式的轮廓线。光和影的色彩描绘是莫奈绘画的最大特色。代表作品有《日出印象》《鲁昂大教堂》《勒阿弗尔附近海滨的平台》《睡莲》《帆船》等。——译者注

式惊奇。哥特式艺术既是中世纪又是近代的产物。

哥特式艺术是一种希腊主义（Gräzismus）。它应该被放置在从古代延续至中世纪的希腊主义中一个下层概念——"拉丁主义"的对立面，属于另一个下层概念。它是基督教性质的希腊主义中被希腊化的形式。拜占庭主义也是带有东方的基督教性质的希腊主义。

真正意义上的哥特式艺术的世界并非拉丁主义表现下的"伟大之存在"的世界，而是"有亲近感"的世界。马克思·德沃夏克①正确指出了地下墓穴里的画作所体现的艺术态度与建筑以及罗马异教作品之间存在内在的矛盾。当时大建筑的精神与地下墓穴中画作的精神不存在任何内在关联。在地下墓穴中，仍有希腊主义式洛可可艺术的残存气息。所有事物里都有轻盈的、带着翅膀飞翔的东西，都有像音乐那样流动的东西。这就如威廉·诺伊斯所说的那样：它像希腊艺术那样，不，倒不如说它比希腊艺术更为明朗。尽管如此，我们在地下墓穴的画作前欣赏时，有种基督教式搭话的感觉。换句话说，是希腊风格的搭话（威廉·诺伊斯，《古代基督教艺术》）。

从沃林格在《希腊文化与哥特艺术》中的论述来看，哥特式艺术是希腊精神向遥远时代的延伸和显著的复活。其本质是感受性与精神性的融合，换言之，即自然性。古典艺术的理想内容是关于自然再现和美的考虑，认为哥特式与"哥特式形式问题"毫无关系的观点，我们无法认同，并由此获得了

---

① 马克思·德沃夏克（Max Dvořák，1874—1921），奥地利维也纳学派重要的美术史家，继维克霍夫和李格尔之后最重要的学者。在学派传统基础上，他以自己精湛的学术研究，形成了一种独特的研究方法，被后人称为"作为精神史的美术史"。——译者注

一个令人满意的答案。确实，在这个观点中，对于在哥特式艺术中强烈吸引我们目光的古典美的描述并不十分明确。然而，构成哥特式艺术本质的古典主义内容是感受性与精神性的融合。被认为是流动着的、轻盈的，拥有翅膀的、像音乐一样的哥特式艺术，不得不说是具有古典之美的。人们在想起音乐性的造型艺术时，无法想象这种造型艺术的线条和表面不带有韵律和曲调，也无法想象其不具备古典之美。兰斯大教堂正面伫立着的那具最美雕像上的韵律法被广为谈论（威廉·诺伊斯，《古代基督教艺术》），也可证实这一点。

通过《希腊文化与哥特艺术》这本著作，他成功地把原来的想法从令人遗憾的不完备中解救了出来，同时在不经意间，或一直有意识地通过另外一本著作提出了他的新观点。维也纳学者李格尔①在 1901 年出版了题为《罗马晚期的工艺美术》的系列著作的第一卷。（这里所说的"罗马晚期"是指公元 4 世纪初至 9 世纪）

罗马帝国时期的艺术在初期仍具有希腊特征。它与古代艺术一样，仅止步于将对象的一个个形体临摹在平面上。在君士坦丁大帝之后，人们才知道可以像近代那样将各个形体描绘于有纵深的空间之中。

---

① 阿洛伊斯·李格尔（Alois Riegl，1858—1905），奥地利艺术史家。维也纳美术史学派的主要代表，现代西方艺术史的奠基人之一。被当代西方艺术史学泰斗贡布里希誉为"我们学科中最富于独创性的思想家"。李格尔改变了 19 世纪的艺术史写作方式，他的每一部著作都为艺术史打开了一个新的领域，被公认为现代艺术史学史上的里程碑。代表作品有《风格问题：装饰艺术史的基础》《罗马晚期的工艺美术》《荷兰团体肖像画》。——译者注

　　维克霍夫①认为，罗马晚期、公元 5 世纪左右的人物一方面仍保留古代风格，另一方面展现出该时期特有的新事物，因此无法按照古典艺术的标准对其进行衡量。然而，他还是受到了近代人要求艺术作品要有美感与生动性的审美影响，没能正确评价罗马晚期的艺术。安东尼所处的时代以前的古代具有两面性。古典艺术更具美感，罗马帝国时代的艺术相比之下则更生动。而罗马晚期的艺术在这两方面均有所匮乏。因此，实际上艺术的精神积极地追求了在我们看来丑陋且缺乏生动性的东西。然而我们认为美和生动的东西并非艺术的全部。我们必须认识到，艺术的精神同样能够去追求对其他艺术表现形式的感知（李格尔，《罗马晚期艺术工业：据奥地利—匈牙利的发掘》）。这是李格尔的观点。在"哥特式形式问题"中，与沃林格曾阐述过的观点类似的想法在罗马晚期的艺术相关内容中也被描述过。

　　罗马宫廷于 402 年迁至意大利东岸的拉韦纳，于是此地就变成了西罗马帝国的首都。公元 493 年左右，东哥特王狄奥多里克在此定居。从 534 至 752 年的 200 多年间，拉韦纳从属于拜占庭帝国，由此拜占庭艺术精神进入了意大利。在这里确实可以看到很多五六世纪的教会。例如，加拉·普拉西提阿陵墓（440 年左右）、圣若望洗礼堂（又称圣约翰洗礼堂、449—452 年左右）、新圣阿波利奈尔教堂（500 年以后）、圣维塔教堂

---

　　① 弗兰茨·维克霍夫（Franz Wickhoff, 1853—1909），奥地利艺术史家，维也纳艺术史学派的成员之一。他目光远大、胸襟开阔，既精通于古典考古学，又关注当下的新艺术运动，主张将艺术作品置于精神史和文化史的上下文中进行研究。在他的引领之下，维也纳美术史学派逐渐崭露头角。代表作品《维也纳文化起源》。——译者注

（521—534 年）、克拉塞的圣阿波利奈尔教堂（535—549 年）
等。

这些古老的教会建筑本身都是具有重要艺术史意义的，加
之其内部墙壁上留有当时的镶嵌画，供奉着艺术史上极为重要
的资料。例如，加拉·普拉西提阿陵墓中仍留存着"善良的
养羊人"这幅作品。圣约翰洗礼堂的穹顶上也刻画着耶稣被
约旦河神及十二使徒所包围着接受洗礼的情景（其中一部分，
如耶稣的头部是经过近代修补后呈现的样子）。所有这些都是
镶嵌画。

在圣维塔教堂中，有率领着左右侍卫的查士丁尼大帝及率
领着侍女的狄奥多拉皇后的镶嵌画。新圣阿波利奈尔教堂中也
保留着一些镶嵌画，其中一幅作品描绘了以克拉塞的港口和街
道为背景、22 名处女与东方的博学之士一起朝坐在天使间的
圣母面前走去的情景；另一幅作品则刻画着以拉文纳的街道为
背景、26 位圣徒朝坐在天使间的基督面前走去的景象。

关于李格尔如何看待这些遗作，我找到了有关以上列举的
作品中、查士丁尼大帝和他的侍卫在一起的情景的记述，接下
来介绍该记述的概要。圣维塔教堂中的镶嵌画如何可以被称为
堕落了的艺术呢？即便是一抹线条，也是在积极的意志作用
下、经过明确思考才画就的。由此，头部的肖像效果是通过眼
睛的性格描写，与轮廓和稍微几笔线条描绘的阴影一起，被看

出来的。像奥古斯都①以前的肖像画中的那种半阴影感的圆润在这里却看不到。也无从发现绘画中的空间性统一。所有的人物都是孤立的。罗马晚期（包括拜占庭时期）的艺术完全不追求近代风格的空间性统一。然而，尽管如此，我们不能错误地认为它没有努力追求接近自然生命之真实。圣维塔教堂的肖像画即是有力的证明。不管是罗马晚期还是古代、近代的艺术，都对此有所要求（李格尔，《罗马晚期艺术工业：据奥地利—匈牙利的发掘》）。

李格尔的记述可以说恰到好处地捕捉到了这种镶嵌画的艺术含义。然而我拜读之后，有某种奇怪的感觉不吐不快。按照他的观点，除了这里存在由于缺少圆润性及空间上的统一而导致的看不到写实性这一情况之外，头部则体现出了十足的肖像画效果，画出了接近自然生命之真实。这一点，无论是在罗马晚期的艺术中，还是在近代艺术中，都是人们所追求的东西。这和我们特别注意到的那种独特的思想是完全或者至少有一半是明显矛盾的，之前也提到过，我们发现，比起追求美和生动，丑感和缺乏生动才是这一时期的艺术精神所积极追求的目标。

另外，各位对李格尔的记述，应该和我一样持有一个疑问，即他对于我们特别关注的问题——这幅镶嵌画是否具有古典美这点只字未提。我从画中这些人物的姿态、表情、神态中看到了某种深层的、庄重的内涵。从这些人物聚集在一起的场

---

① 马尔克·奥列里乌斯·安东尼·奥古斯都（Marcus Aurelius Antoninus Augustus，121—180），简称马可·奥勒留（Marc Aurèle），罗马帝国政治家、军事家、哲学家，罗马帝国五贤帝时代最后一位皇帝（161年3月8日—180年3月17日在位），拥有恺撒称号（Imperator Caesar）。有以希腊文写成的著作《沉思录》传世。——译者注

景中看出了某种端正的构造。特别是以画面的金色为背景的人物那华丽的色彩构成令人赏心悦目。而李格尔对此只字未提，这是为何呢？在这一组镶嵌画中，他为何唯独注意到了这一个场景，却连提都没提与之成对的狄奥多拉皇后与侍女的场景呢？这些问题，特别是后面一个的疑问，对我来说特别重要。那其实是充满了古典之美的最需留意的一个作品。新圣阿波利奈尔教堂的墙上以圣母与基督为中心的两列镶嵌画所体现的那极其突出的古典之美也未被提及。我想这点与前面一样地或者说更加难以理解。这是因为，这幅作品的古典美即使与古希腊的绘画作品比起来，甚至与近代最美的绘画作品比起来，都毫不逊色。当然，这两列相对的楣窗之间的墙壁，无论哪边，都是半面半面地经由后世的修补才传承至今。即便这些部分因此未能充分传承原貌，也能从其他未被修补的部分推断出，大体上的原貌已经被传承了下来。为求万全，即使去掉修补过的那些部分，我认为其余的部分也足够支撑我们的观点。不得不说，对于观赏这些镶嵌画的人们而言，恐怕不会同意罗马晚期的绘画作品没有古典美这种观点。但是，为何李格尔会得出这种奇怪的结论呢？

对于认为拉韦纳的这些镶嵌画是 6 世纪代表性艺术遗作的人们来说，有一个事实必须承认，那就是中世纪的基督教艺术与古希腊艺术有着直接并且深刻的联系。与沃林格指出哥特式艺术和古典艺术有着紧密的联系一样，他在拜占庭艺术中也看出了这一点，是因为相比李格尔更深入地捕捉到了这层关联。虽然很不幸的是，他也并未注意到 6 世纪的杰出古典美，未能顺着这条线清晰地找出其与古典艺术的关系。

这些人的观点也并非难以得到支持。新圣阿波利奈尔教堂里还有许多其他的镶嵌画。在楣窗上，描绘了《新约圣经》里从最后的晚餐到耶稣复活等许多场景。这些作品中，如《最后的晚餐》，尽管它也是 6 世纪的创作传承下来的，但却无法从中感受到楣窗上的镶嵌画那样的美。这恐怕是因为参与创作的几位是不同方向或流派的美术家吧。这种镶嵌画和圣维塔教堂中的某幅画，看起来就像是出自同一位画家之手，具有一致的作品风格。我猜想包括《最后的晚餐》在内的一组作品可能是由其他画家创作的。这里几乎无法看到像楣窗上的处女、圣徒身上的那种有着优美韵律的线条。这就是李格尔所说的在罗马晚期的镶嵌画及其他绘画中常常看到的东西的一个例子。然而即使在这些东西中，在具有生动性的真实这一点上，完全如李格尔对圣维塔教堂的镶嵌画所言的一样。

李格尔确实对罗马晚期的众多艺术，至少它们其中的一面，都讲出了实情。这是非常值得称赞的功绩。不仅是这个时期的艺术，之后的哥特式雕刻艺术中这样的例子也很常见。不管是在意大利、德国，还是产出了很多最美雕像的 13 世纪的法国，那样的例子都极其地多。沃林格最初的想法确实捕捉到了哥特式艺术的其中一个方面。而且即使是那些作品，原则上也如他重新论述的那样，其根本精神是有亲切感的东西、虔诚的东西、在努力刻画自然的真实这一过程中能发现的东西。为了不误解哥特式艺术，我们理应留意这一点。

当然，应该注意的事情却远远不止这些。即便是欠缺真实性的作品，也绝非少数。要说只是不一样的例子，那也太多了。为什么呢？那是他们从一开始就有意识地创作出来的吗？

沃林格认为，那是他们的艺术精神所要求的。后来他更改了自己的说法。李格尔对于罗马晚期的艺术也提出了同样的观点。但因为他自身的原因失去了部分参考价值。

然而，李格尔的这本书却受到了德沃夏克的一番推重，摘要如下：

像前两本著作一样，研究装饰艺术发展史的这本书，是对于绝对美学的艺术史方面的、身为开创人之一的李格尔以最积极的姿态试图将其彻底阐明的硕果，也意味着心理学性质的历史观的胜利。

在 20 世纪初，一系列的艺术史著作仿照其他学科的例子对某种发展史性质的原理进行了探讨。也就是说，关于罗马的艺术史，威科夫首次将艺术产生史转变为古代美学历史的独断论。罗马帝国的艺术由于将希腊艺术看成永恒的理想这一误解的存在而被人们认为不过是粗劣的模仿。但实际上，威科夫认为它是最重视人类精神，也是影响最广泛的创造。李格尔也在这本书中认为，随后的时代中的艺术充满着完全独特的艺术精神，而不是罗马时代的艺术堕落而成，后者是从以往的先验式美学和历史的立场进行考量的。它明确地体现了一种进步：致力于寻求在后世占主导地位的全新艺术理想。李格尔的这本书可以说是威科夫的研究成果的延续，是李格尔逝世那年，也就是 1950 年的论文（马克斯·德沃夏克，《文集》）。然而事实真的如此吗？

对于李格尔、威科夫提出的美术史与美学的关系表示同意的德沃夏克在地下墓穴的绘画作品中找到了佐证他们观点的事实。公元 319 年，在罗马帝国皇帝君士坦丁一世承认基督教之前，基督教徒为避开当时的宗教迫害，在各个地方挖了"地下墓穴"，将它当作死者棺材的存放地。在地下室的墙壁上，画着许多以讲述教义的象征、记号、圣书中的人物、故事等为主题的壁画。它们如今仍残留在那些主要散布于罗马郊外的地下墓穴的墙壁上。德沃夏克在 1919 年写的《地下墓穴的绘画——基督教美术的起源》这篇论文中指出了这些壁画在美术史上的意义。下面是其概要。

地下墓穴的绘画作品普遍被认为创作于公元 1 世纪至 4 世纪。这样说来，其中最古老的就是与庞贝古城的壁画相关的画作，联想到事实或者同一时代的异教古典绘画，会发现它们不管是在创作风格还是在构图上确实有很多共通点，然而其中并没有在庞贝古城的墙壁上可见的那种建筑式雕刻的结构。庞贝古城的壁画中常见的以建筑、风景等为背景的自然和人生的多样化描绘几乎或完全看不到。地下墓穴的画作里只画出了一方狭窄的土地。人物也全是并列着画在同一平面之中。像是古代末期的绘画那样，没有再现光和空气的氛围、大气的背景等情况。那并不是自然中某一特定的场所，而是种没有纵深感的空间。不是符合物理学的视觉现象呈现的自然空间，而是观念中的无限空间，是形而上学概念上的空间。其中刻画的为数不多的人物，也大多数是孤立的个体，他们身上理应展示出客观的、自然的真实性的立体感也被减少到最低限度，切断了与现实生活间的联系。很多时候，描绘的是静静地面对正前方站立的人物。并未描绘人物之间互动的复杂姿势或动作。没有呈现叙事诗般、戏剧性的主题。即便在同一时代异教的绘画作品中，也能看到在这种无背景的空间里正面并列着并处在同一平面的人物。但是其中清晰地画出了人们的意志及行动，也表现出了立体的空间，并非画的是地下墓穴的画作那种观念中的无限空间。

这样的绘画作品，在还未丧失古典美术训练的时代中，突然且大量地出现在地下墓穴的墙壁上。因此，不能说这是地下墓穴的作家在美术能力方面的欠缺导致的绘画艺术的没落。应该将其作为试图表达一种新艺术理念的意图来考虑。并非古典的异教式艺术理想，经由职业装饰画家的拙劣手法显露了出来，而是完全不同的艺术理想化为画家的意图得以实现。从古典美术出发，同时舍弃自然主义艺术的目的，完全无视感官效果或自然合法性，来描画一种全新的艺术理想。其中描画的对象，皆表达了基督教精神，意在让人注意到这种新信仰的神秘与真实。并不是单纯地欣赏画作，而是要联想到欣赏画作的主观思想是与画作本身结合在一起的。在古典美术领域，曾从属于形式之美或者说与之和谐相融的精神性、理念性的东西在这里构成决定性的内容。地下墓穴画作的人物缺乏相互之间的交流。而且这些人物全部被画作最根本的思想内涵统一了起来，和欣赏画作的人一起被更高层次的精神力量所联结。也就是从感官上的印象、自然的法则等之中，领会到了自由的、超过了时间和空间界限的、永恒的东西。

没有错误严重到把地下墓穴的绘画认为是拙劣或幼稚的作品。只有不当地将古典美术的评价标准生搬硬套到不同类别的美术之中才会导致那种情况（德沃夏克，《地下墓穴的绘画——基督教美术的起源》）。

德沃夏克对地下墓穴绘画作品的论述中有不少正确的见解。地下墓穴绘画的创作意图是吸引人们信仰基督教，对此恐怕无人会质疑。因此，很容易理解它在主题方面和古代绘画有所不同。对于抱有这样意图的基督教性质绘画，一方面可以联想到观赏者对主题的认识与所画内容联结在一起并得到补充；另一方面，也容易了解到为什么当时应该避免描绘一些引发世俗关注的内容。德沃夏克认为，地下墓穴的遗作中之所以能看到不少以许多古典绘画作品中看不到的精神性、理念性的东西为决定性内容的绘画作品，正是因为其中有这种意图。从这一点来看，德沃夏克的观点似乎是值得重视的。然而他的观点里就没有任何令人存疑的地方吗？

按照他的观点，地下墓穴的画作中并没有画出表现叙事诗或戏剧性主题的内容。据说还是有意避开的。然而事实果真如此吗？画里描绘的基督教的主题，是在试图吸引人们信教或者加深信仰的意图下画就的。为了实现这一目的，在单单追求眼睛感知到的东西以外，还要对观赏者拥有的对基督教主题的知识储备做出预判。正是有了这样的目的，才有了圣卡里斯托的墙壁上《耶稣受洗》这样的画作，才有了《亚伯拉罕的牺牲》《拉撒路的复活》这样的画作。这些壁画均被认为是 2 世纪的作品。这些画作的主题不就是最明显的叙事诗或戏剧性内容吗？在所有的场景中，都只有两个人物及一些描述性的附属物，如水、鸟、羊等，或一座小房子的正面。人们可以知道这些人物与附属物之间的意义，进而在脑海中浮现出《圣经》中提到的神奇场景。画家在最初就预想到，人们可能会在脑海中浮现出场面宏大的叙事诗一般的、戏剧性的场景。

但确实如德沃夏克所言，这些突出的戏剧性主题却没有通过与之相称的戏剧性景象表现出来。这是为什么呢？是因为唤起世俗的关注，就会阻碍人们加深信仰的意图吗？那为什么画出这样的画作，就会唤起关注，进而妨碍对信仰的深入追求呢？是不是从最开始就已经预想到，除了眼睛可见的颜色或形状之外，思想性的东西也会得到补充呢？这里所画之物仅仅是那些"应当由观赏者自行补充的东西"的线索或是记号而已。那究竟是精密复杂的还是单纯的，对于应当通过想象的眼睛品悟画中的景象或是含义的人来说，完全是相同的事实。我认为倒不如说，正因为在现实世界中能够发现世俗的事情，所以也存在着"奇迹"的宗教意义吧。画山川画河流，《圣经》用仿佛任何人都能立刻看到的视觉写实感来详尽清晰地描写故事般的景象，正是因为如此，反而会加深人们的信仰。

很明显，地下墓穴的画家不仅有丰富的认识，还致力于画出一眼就明白的真实。在《耶稣受洗》的场景中，耶稣裸体站立，约翰只有腰部用布裹着，近乎全裸，他倾向耶稣的方向，举起双手，倾倒洗礼之水。这是出于想要带着严肃的宗教意味举行仪式的意图才画的动作。在《拉撒路的复活》里，耶稣高举着右手，发出"拉撒路，出来"这一最庄严的神之命令。《约翰福音》中记载着这样的一句话："那死人就出来了，手脚裹着布，脸上包着手巾。"（第十一章 44 节）马大和马利亚两姐妹，以及其他群众聚集在周围，文艺复兴时期的画作把这个场景如上面所说的那样细致地描绘了出来。在 6 世纪的《绘画福音书》（codex rossanensis）中，也细致地画着《马太福音》中讲述的场景（施普林格，《手册》（第二版）//M.本拉特，《中世纪绘画》，1916，p34.）。这幅地下墓穴的画中，只有上面提过的那样举起手的耶稣和站在墓前的拉撒路的身影。

　　这幅画的作者，只要他想画，就能和乔托①一起画出像帕多瓦的史格罗维尼礼拜堂墙壁上的画作一样出色的《拉撒路的复活》吗？恐怕他也画不出来吧。但无论如何，可以画出比这里的画更细致的、带有古典美的自然背景和人物形态及动作的画家，会因为德沃夏克推测的理由而故意画了这种"幼稚"的画吗？从明智地理解"美术家"本质心理的角度来看，这真的是应该考虑的事情吗？通过联结"思想性的东西"才可以了解的绘画不是真正"画出来的"绘画，它不过是"试图讲述"式的符号或形象化的文字而已。地下墓穴画家真的是能够满足于画出这种符号的"画家"吗？《新约圣经》里面说，拉撒路的坟墓不过是"石头把洞口给堵住了"（第 11 章 39 节），没有理由将它描绘成一个华丽的墓穴。即便在古典绘画中，美丽的裸体也是最能引起"世俗的关注"的东西了吧。这些裸体画常常画在受洗的场景中。正因为这样的关注，在维格纳马西莫（Vigna Massimo）地下墓穴中，那些拥有古典的轮廓和顺滑饱满肌肤的躯体，在几乎没有细节区别之下仅通过单纯外形和表面就被充分刻画了出来。通常，地下墓穴的画并不只是表示皮肤的色调被单调地涂在隔开轮廓的表面上，反而是明显多加了几笔来画出饱满的感觉。《耶稣受洗》就是这样的一个例子。在有拉撒路的场景中，衣服的褶皱造成的明暗区域被清晰地表现了出来。它与庞贝古城壁画的不同之处仅在于它对饱满的表现方式更为简单。在想要将身体的饱满度、立体

---

　　① 乔托·迪·邦多纳（Giotto di Bondone，1267—1337），意大利文艺复兴初期画家、雕刻家、建筑师，被认定为意大利文艺复兴时期的开创者，被誉为"欧洲绘画之父"。代表作品有《犹大之吻》《最后审判》《哀悼耶稣》《逃亡埃及》。——译者注

效果和触觉的身体性展现出来这方面，两者完全相同。区别真的如人们所说的那样，不在于能力，而在于艺术的精神吗？大家能认同吗？

原来，就像德沃夏克说的那样，承载这些人物的空间，（在这点上有所不同的庞贝古城壁画中也有这样的例子），常常只是一块狭长的地面，没有任何背景。《拉撒路的复活》也是这样。在《亚伯拉罕的牺牲》中只能看到一棵树。它们的地面被涂成绿色，是在刻画绿色的草地吧。虽然显得很单调，但显然是一个有范围的地面。正如庞贝古城的壁画留下的许多例子一样，从人物的脚边向侧面延伸的笔触在地面上进一步画出了那人投下的阴影。那是一块草坪，阳光把人的影子投射在上面。除了在描绘自然的精确度方面存在明显差异外，我在其中找不到特别的理由来解释为什么画了地面这样的空间，又应该说成与艺术古典绘画有本质区别的全新空间。背景处于被忽略的状态。但是，我们无法确定地面以下没有纵深。在站立着的腿的另一边，横着明确作为"背景"的那一片地面，地面的一部分被腿挡住了。这片土地的意义不能仅凭画出来的土地面积小就加以改变。显然它是"自然的恒定空间"。的确，它也是"背景"，可以理解为《圣经》讲述的事件的发生"场所"。这样当然会被画出来。《圣经》讲述的事迹绝非发生于无限的形而上的空间，显然是在加利利及其他地方的事迹。仅根据德沃夏克的解释即可知道，对于地下墓穴的绘画从最开始就没打算再现庞贝古城壁画及其他古代绘画那样的古典美和细致的自然这一想法，很难通过正确的解释去了解。

威廉·诺伊斯评论了德沃夏克的想法：由于过于努力把地下墓穴的绘画理解为基督教精神的产物，而导致没能准确把握它们与同一时代异教艺术的关系。认为地下墓穴的画和异教徒坟墓的装饰画之间没有任何区别才是合理的（威廉·诺伊斯，《古代基督教艺术》）。

根据遗作直接呈现出来的，地下墓穴中的许多画作都缺乏古典美和细致的自然再现。不管这些画的画家的意图是什么，他们画出了地下墓穴的画作，他们自身的视觉认知呈现出不同于古典风格的这种样态，在绘画史上是不可动摇的事实。他们看到了画上之物，他们画的即所见。"古典风格的东西"这样的视觉认知在他们身上并未展现出来，至少未充分展现出来。他们发现并描绘的东西具有德沃夏克所说的"纯粹精神的东西"的特质。

地下墓穴的墙并不是最早画有这种画的地方。即使不算埃及和其他东方绘画，古希腊绘画中也早有许多先例。在雕塑中，也可以看到具有同样含义的东西。地下墓穴的绘画只是其中的一种"改头换面"。被视为"纯粹精神的东西"的古画会展现出其内含的某种"亲近感""朴素感"，这都是在描绘如此简单的轮廓和饱满度的画中，可以普遍看出来的事实。然而，我无法想象在古老的画家的作品中，也能像在后世的画家安吉利科①的作品中所看到的一样，通过画中的线条、笔触以及它们之间的联系，就能知道伴随着美丽的传说的娓娓道来，画家是抱着深深的信仰和虔诚的心进行创作的。我也不能在那

---

① 弗拉·安吉利科（Fra Angelico，约 1395—1455），意大利佛罗伦萨画派画家，为弗信会的一员。其画风简单而直率，色彩明亮，勇于尝试新风格，其绘画目的在于推行教化，而不在于对宗教精神之描绘；他的画风保守，但在形式上大量采用了乔托和马萨乔的样式，因而其画风的整体倾向类似罗伦佐·莫纳可的哥特式样式。他只为教堂作画，且只画宗教题材画。代表作品有《圣母加冕》《受胎告知》等。——译者注

些作品中看到画家创作出的超越"古典绘画"的精神。与此同时，我也不能说其中可以看到如近代的塞尚、梵高①等人所画的那种深刻的精神和强大的生命力。

因为在威科夫、李格尔、德沃夏克、沃林格等人的研究之前的美学仅基于古典艺术，所以就无法对以地下墓穴绘画为首的其他罗马晚期的绘画进行正确解释了吗？总而言之，德沃夏克对地下墓穴绘画的想法是，它在古典艺术中，或是属于形式美，或是与形式美和谐相融的精神美采取纯粹的形式展现了出来。而使之成立的正是基督教精神。也就是把基于基督教精神的"精神美"和作为古典艺术内容的"古典美"明确区分开，将其称为地下墓穴绘画的特质的组成部分。所以以往的美学无法对这些画进行解释。

例如，黑格尔②的美学不能解释地下墓穴的画作吗？黑格尔的美学确实对古典美进行了详细论述，但是自始至终都是如

---

① 文森特·梵高（凡·高，Vincent van Gogh，1853—1890），荷兰后印象派画家。梵高是表现主义的先驱，并深深影响了 20 世纪艺术，尤其是野兽派与表现派。梵高早期只以灰暗色系进行创作，直到他在巴黎遇见了印象派与新印象派。梵高融入了他们的鲜艳色彩与画风，创造了他独特的个人画风。一生中有 864 张油画，1037 张素描，150 张水彩画。代表作品有《星夜》《自画像》《向日葵》等。——译者注

② 格奥尔格·威廉·弗里德里希·黑格尔（Georg Wilhelm Friedrich Hegel，常缩写为 G. W. F. Hegel，1770—1831），德国哲学家。略晚于康德，德国古典唯心主义的集大成者。他对德国的国家哲学作了最系统、最丰富和最完整的阐述。许多人认为，黑格尔的思想标志着 19 世纪德国唯心主义哲学运动的顶峰，对后世哲学流派，如存在主义和马克思的历史唯物主义都产生了深远的影响。更有甚者，由于黑格尔的政治思想兼具自由主义与保守主义两者之要义，因此，对于那些因看到自由主义在承认个人需求、体现人的基本价值方面的无能为力，而对觉得自由主义正面临挑战的人来说，他的哲学无疑是为自由主义提供了一条新的出路。代表作品有《精神现象学》《逻辑学》《哲学全书》《法哲学原理》《哲学史讲演录》《历史哲学》《美学》《宗教哲学》等。——译者注

此吗？他将美的发展分为三大阶段的做法非常有名，但是要了解这种区分的含义，我们必须先了解其美学的基本概念。

黑格尔认为，艺术是绝对精神的直接自给自足，这是绝对精神的领域。绝对精神就是绝对理念存在于现实中的状态。"艺术之美"是以一种形式或现象表现出来的美的理念，是理念和现象的直接同质化，即一种"理想"。

绝对精神是指绝对活动性，也就是绝对区别，它通过这种绝对的活动性确立为客观现实性。相对于主观概念或精神的"他物"和客观现实性的"自然"是区分开来的，即理念的实现是由内而外的，它以自然和精神的客观性获得一定的存在，是与概念自我发展的现实性相统一的产物。

理想不仅仅是概念或理念，而是将概念及其现实性直接统一起来的理念，是表现在与之相符合的现象上的绝对理念。换言之，它是主观内容或意义，与和它不同的客观事物之间的一种对立的扬弃，是主观的东西客观化的结果。

绝对精神通过其本来的活动性自发实现。他区分了发展阶段中的三个因素。在发展的各个阶段，理念都以各自的内在限制性与其他实际存在形式相结合。

第一个因素是象征性。在这个阶段，因为美的理念还是一般化或抽象化的，所以理念找不到适合的现象，它从自然中不适合自己的物或事件里"找寻"能把自己表达出来的东西，在其中模糊地感觉到自己本来的抽象性，或者把一个具体的形体扭曲变形，再把无限制理念的一般性强加进去。也就是说，这里的理念和形体之间的关系是任意的，两者没有完全一致，只是以抽象的方式结合在一起。

第二个因素是古典性。在这个阶段，理念本身就是自由的无限主观性。它将这种主观性以精神的形式抓取到现实中。也就是它以自由主观观念的身份进行自我限制，在这种自我限制中，在本来的概念方面取得了适合自己的外在形体，并将其当作适合自己的现实性进行结合。这种内容和形式的绝对匹配的统一构成了第二种艺术形式，即古典性的基础。这是最美的东西，是美之领域的完成。只要理念本身是艺术的对象，那么精神就不能是只在精神性和内心性方面找到适合理念存在之处的绝对精神，必须是理念本身的一种特殊的且因此还要带有抽象意味的精神。作为适合理念的形体而被限定了的外部形体也只能按照理念来表达受限的内容。

古典艺术中的理念是一种带有抽象意味的精神。但是，作为一种绝对自由的精神，美的理念不能止步于此阶段。它必须通过其本来的活动性进一步发展下去。换句话说，与希腊式世界观不同的全新世界观，即立足于基督教根基的世界观必须出现，这是因为新的世界观注定会产生新的艺术。

存在被限定、抽象化的理念必然会预想到它那绝对自由的体现。但是，作为绝对自由精神的理念，在外部性上完全得以实现。它作为一种精神，只有通过其自身才初次得到真正的展现。厘清精神的内在性和外部现象完全相容的古典结合，并让其回归自身，精神就达到了其固有的内在的更深层次的和谐状态。浪漫主义艺术形式，即基督教风格的艺术形式的根本类型由此得以确立。

第三个因素是它本身的适应性，即以概念和现实性的统一为原理的精神，只有在其发源地——感觉、情绪这样的内部世界中才能找到相应的"他物"。也就是说，它变得精神化了。在这种艺术形式中，理念的内涵是一种自由的精神性，因此它需要得到比外部形体方面所能提供的更多的东西，而形体则变为怎么样都可以的单纯外部性。也就是说，浪漫主义艺术中内容和形式分离的起因与象征性艺术的情况正好相反（黑格尔，《美学讲演录》）。

黑格尔用古典艺术的名义区分的艺术类型，是构成其本质的理念与外在形体完全匹配结合而成的，也就是内容形式绝对合适的统一体。与之相对的，所谓浪漫主义艺术，则是一种更高级的精神艺术，其中的理念离开了外在形体的宽和状态，变为与自身和谐相处。就确立的条件是形体和理念的分离这一含义而言，它和象征艺术是一样的。这样一来，仅就形式内容的相关性而言，艺术就被分成了两大类型：古典型和象征型（或浪漫型）。

对于黑格尔的美学思想，它的根本概念也好，基于此的各种解释也罢，我都不能立即苟同。尤其对于这三种艺术之间的区别，我存在很多疑问。这一方面的问题也许应该另待机会解决。我想请大家特别注意一下：黑格尔将浪漫主义艺术的本质，正如库诺·费希尔①（库诺·费希尔，《德国哲学史》）已经指出的那样，解释为由基督教世界观塑造的与古典艺术不同的一种新奇的艺术。这种艺术表现的是一种明显超越并突破了古典美的、更高层次的、纯粹的精神之美。黑格尔认为这种艺术的基本概念可以进一步分为三个因素，其中一个是"宗教性"，即基督教艺术。它以救济的传说、耶稣的一生、受

① 库诺·费希尔（Kuno Fischer，1824—1907），德国哲学家、哲学史家。最初信奉黑格尔主义，后拥护"回到康德去"的运动，成为新康德主义的早期代表之一。所著《近代哲学史》以资料丰富著称，还著有《逻辑体系与形而上学或科学学说》《康德的一生及其学说的基础》《康德哲学批判》等。——译者注

苦、复活为中心展开。黑格尔认为这是宗教性和浪漫主义艺术的根本对象。

在像德沃夏克和李格尔、沃林格这样的艺术史学家对罗马晚期基督教艺术的观察中，甚至没有一段内容能超过黑格尔美学的。黑格尔也许并不特别欣赏这些艺术。例如，他注意到拜占庭式绘画，一方面在人物姿态和衣服的描绘上保留了古希腊美术训练的痕迹，另一方面缺乏自然性和生动性，人物外形和表现手法僵硬，构图具有建筑性，明暗的饱满度和远近也有所欠缺，等等。甚至还说，由于创造独特艺术的余地不够大，所以这种画作常常是毫无生气的（库诺·费希尔，《德国哲学史》）。而在发现与古典世界观有明显区别、基于基督教世界观而确立的艺术及其独特含义这一点上，他们也绝没有超越黑格尔的理解。并且，黑格尔甚至认为这种浪漫主义艺术比古典艺术处于更高的发展阶段。

这是艺术史学家的误解，他们不知道美学史的事实，以为美学只考虑古典艺术，而没有关注古典以后的东西。李格尔说，由于近代人的审美对艺术提出了美感与生动的要求，圣维塔教堂的马赛克镶嵌画之类的罗马晚期艺术没有得到正确的评价。那是 1901 年的事情了。但是世人常说的缺乏美感与生动的艺术在很多年间培养了欧洲人的品位，尤其在 19 世纪后半叶的法国格外显著，且这种情况远远早于李格尔的著作现世的时间。认为美学忽视了这一点的想法纯属偏见。

文克尔曼①说，我们成长的唯一途径是模仿古代人，尤其是古希腊人，古希腊美术中最精美的作品甚至比最美的自然更胜一筹。他可能是最深爱古典艺术之美的艺术学者之一。他在1755 年发表的题为《关于在绘画与雕塑中模仿希腊作品的意见》的论文中，提出希腊艺术最佳作品的特征是其中所展现的人物态度和表情中的"高贵的简约和平静的博大"。他认为，梵蒂冈博物馆的《拉奥孔》（亦称《拉奥孔和儿子们》）表现的是极度凄惨的悲剧，甚至在特洛伊城阿波罗神的祭司拉奥孔及其两个儿子一起被两只巨蟒缠杀时的苦恼而激烈的情绪中，拉奥孔的面部和身体各处都展现出了非常节制的精神，尽管那痛苦已经让观赏者都觉得心被刺穿，但伟大的人类却在默默忍受着不幸，而正是这种伟大精神的体现，让其远胜于美丽自然的形成（文克尔曼，《古代艺术史：关于在绘画和雕塑中模仿希腊作品的思考》）。

由此看来，文克尔曼认为古希腊美术最显著的特质实际上就是这些作品所表达的精神。

他在这篇论文发表大约十年后（1764 年）的《古代艺术史》中，也对《拉奥孔》做了几乎相同的表述，其中还对"表达"的概念进行了解释。他指出，表达是指对激烈的面部表情、激烈的行为的模仿。在那种状态下，本应用于塑造画部和身体之美的形式就会发生变动，变动越大，对美的不利影响

---

① 约翰·约阿希姆·文克尔曼（Johann Joachim Winckelmann，1717—1768），德国考古学家、艺术史家、美学家。1764 年发表代表作《古代艺术史》，对古希腊、古罗马艺术珍品描绘细致、评论精当，从艺术风格的角度来研究古希腊艺术史，并首先试图科学地解释古代艺术发生、发展及衰亡的历史过程和原因，奠定了古典艺术史研究的基础。另著有《关于在绘画与雕塑中模仿希腊作品的意见》等。

就越大。据说"平静"是美的原始状态（文克尔曼，《古代艺术史：关于在绘画和雕塑中模仿希腊作品的思考》）。按照文克尔曼的说法，"表达"具有与"美"不一致的互相矛盾的形式，仅有纯粹的美并不是观察的主题，行为和激情的表达也必须被观察到。他还认为，因为激情，诗人会畅抒人生，美术家得以提升自己（文克尔曼，《古代艺术史：关于在绘画和雕塑中模仿希腊作品的思考》）。纯粹的美或只有美的东西，构成了后来的学者所说的古典美的主要形态，但与这种静态身体中的美有明显区别的表达，文克尔曼认为，是在意味着激情地展现这样的大幅度运动中才能看到的。

当然，在古希腊雕塑的优秀作品中，对强烈情感和强硬动作的表达总是与显著的古典美有关。《拉奥孔》正是这样一个例子，《尼俄伯》是另外一个例子（佛罗伦萨乌菲齐美术馆）。这些精美的雕塑表达的东西无法直接在罗马晚期的艺术中看到。但是，在这些艺术中可见的那种有别于古典美的美之形态，在古希腊美术中明显也是有的，并且它也和古典美这种类型一起作为高贵的美的一方面被文克尔曼这样的学者留意到，这一事实不是已经说得很清楚了吗？

总而言之，认为美学只关注古典美这种类型，立足于其上，而没有顾及其他类型的想法，是错误的。

❀ 三、批评家的根源性关注

对于一位优秀的批评家来说，或者说，要成为一位名副其实的批评家，什么样的素质是必需的，对于这个问题，诸位已经非常了解了吧。他必须是通过一部作品来知晓创作该作品的艺术家意志的人，也必须是为了能够知道这种意志而对作品有相当了解的人，还必须是能够正确把握艺术家的意志与作品实际表达之间关系的人。

通过一幅画来了解美术家的意志，就意味着要知道隐藏在作品背后的创作意志。换句话说，就是要了解打算创建出作为一幅画的特殊视觉结构的意志的作用。那是美术家的意志，即绘画本身的意志。可以想象其中有多个阶段。能找到与作品风格对应的意志，或者可以只探究线条或颜色的问题，也可以研究作品的主题，关注主题的哪一点花费了大量的笔墨。构成一部艺术作品的所有因素都会成为这种省察的对象。

一部作品并非天生就孤立存在的，它拥有无限阶段的结构，超越了各个艺术类型，与艺术背后的最高创作意志联结在一起。作品的含义从根本上同这种无限阶段的构造相关联，所以很容易理解为什么它会被关注。探究一部作品的含义，就必须探究其与艺术家的关联及艺术家自己与艺术所有领域的关联。布吕纳介做出详细区分的各种评论问题，只有全部带有这层含义，才能让人赞同。

要正确理解一幅作品所表达的含义，就要对其在所属艺术领域中的位置有正确的理解，而这一点需要从根本上去推测。一幅画属于"绘画"，而不是任何其他艺术，正确理解这个事实，即清楚地限定画的含义，就必须先弄清楚这幅画背后的含义。

换句话说，无论那种批评是赞美还是指出瑕疵，都需要知道它在绘画领域中理应占有的位置，也就是从根本上否定盲目的谴责和夸奖。"人们称赞我的作品，荣誉来得如雨水一般，但我没有一个真正的朋友"，雷诺阿①的感叹还在耳畔回响（安布罗斯·沃尔拉德，《聆听塞尚、德加和雷诺阿》），但评论不能成为这种哀叹的原因，人们也不能只说雷诺阿的画这个好、那个不好，必须找出原因才行（安布罗斯·沃尔拉德，《聆听塞尚、德加和雷诺阿》）。

艺术的领域具有无限的广度和从根本上与之相关的无限的深度。换句话说，这是一个可以找到无限多种美的领域。在确定一部作品在该领域的正确位置时，对于作品表达的含义，不必担心会被主观的狭隘所影响，而要理解它真正的含义。也就是批评被要求对于所有"应该发现的内容"都要"准备好眼睛"。批评家需要拥有出色的艺术素养和丰富的艺术造诣。作为美之艺术的评判者，需要具备综合素质。为此，必须有一个天生良好而敏锐的审美品位。霍姆还说，必须通过教育、思考和经验来升华这种品位（安布罗斯·沃尔拉德，《聆听塞尚、德加和雷诺阿》）。

只要一个人有不负艺术批评家之名的眼睛，那么他在一部作品中发现的东西就必定是该作品的"应看之物"，必定是存在其中且需要为人们所见的东西。正如康德将天才定义为"赋予艺术以规则的才华（天赋）"一样（康德，《判断力批判》），也正如"荷马是不按规则行事的诗人，倒不如说他才

① 皮埃尔·奥古斯特·雷诺阿（Pierre Auguste Renoir，1841—1919），法国印象画派重要画家。以油画著称，亦作雕塑和版画。早年当过徒工，画过陶瓷、扇子、窗帘等。曾从学院派画家格莱尔（Charles Gabriel Gleyre，1806—1874）学画，后受德拉克洛瓦和库尔贝的影响，对鲁本斯及法国18世纪绘画有较深的研究。在创作上，能将传统画法与印象主义方法相结合，以鲜丽透明的色彩表现阳光与空气的颤动和明朗的气氛，独具风格。代表作品有《包厢》《游船上的午餐》《小玛高脱像》《煎饼磨坊的舞会》等。——译者注

是规则的由来"一样（鲍姆勒尔，《美学》），必须是万人皆首肯的普遍性发现才行。但是，为什么"万人共通的东西"会被某一个人发现，这个问题有人想探究吗？有人担心那几乎是不可能的吗？正如卢梭①所说，对他有好处的对人类也有好处（罗曼·罗兰，《米莱传》）。只不过从根本上要求这个"他"必须是"真正的他"。

　　不设想艺术创作的艺术观赏是不存在的；同样，不设想艺术观赏的艺术创作也是不存在的。艺术家与公众之间的相关性是本源，只有这两方面达成根本的统一，艺术精神才能真正体现出来。艺术精神是无止境的，我们必须永远前进，不停地发现新世界。正如艺术家的真实生活是必须创造出无数的新作品一样，艺术观赏和从根源上与之相关的艺术批评也必须不断地发现新东西。不仅是艺术批评，为了实现对艺术的所有评价都是真正的评价，批评家必须更进一步推进艺术的无限精神在作品的观赏和评价中得以实现。这应该是在艺术批评家的"批评良知"下倡导的、超越意识的要求，是真正的艺术批评家的根本关注点。

---

　　① 泰奥多尔·卢梭（Théodore Rousseau，1812—1867），法国巴比松派风景画家。卢梭的风景画以强烈的色彩、大胆的笔触和独特的主题闻名，评价有褒有贬，是提高法国风景画家地位的重要人物。在19世纪初，他的作品被拒于主流画派长达10年的时间，最终在1848年获得大众的认可，正式公开展出，并被授予荣誉的十字勋章，成为将巴比松派接续到印象派的重要画家。代表作品有《早晨的枫丹白露森林》《森林中的路口》《阳光中的橡树》等。——译者注

作者简介

译丛主编

王秋菊，女，哲学博士，东北大学教授，东亚研究院执行院长，博士生导师。长期从事东方艺术史论、艺术与技术哲学、文化传播、比较文化领域的教学与研究工作。

张燕楠，男，文学博士，东北大学教授，艺术学院院长，博士生导师，艺术批评方向学术带头人。长期从事艺术美学、艺术批评与西方艺术批评理论的教学与研究工作。

著者

植田寿藏（1886—1973），日本美学家、美术史家。主要从事欧洲近代美学史的研究，其美学思想以"表象性"为核心，注重人的感官在审美活动中的重要作用；注重事实和直接经验，努力阐明这些经验的基本结构。他把艺术的科学研究方向确定为感性的科学。著作涵盖西洋美术、日本美术、文艺等方面。著有《艺术哲学》《近代绘画史论》《艺术史的课题》《视觉构造》《美之极致》《美的批判》《日本美术》《西洋美术史》《文艺存在》等。

译者

马小力，女，文学博士，东北大学外国语学院讲师，硕士生导师。主要从事比较文化研究、近代中日文化交流史研究。

郭晓颖，女，东北大学外国语学院讲师，科技哲学博士研究生。主要研究方向为日本技术哲学、科技伦理、中日文化比较研究。